中國學術思想 研究輯刊

十四編

林 慶 彰 主編

第 7 冊

《莊子》的神祕主義向度

汪 淑 麗 著

花木蘭文化出版社

國家圖書館出版品預行編目資料

《莊子》的神祕主義向度／汪淑麗 著 — 初版 — 新北市：花木
蘭文化出版社，2012〔民 101〕

目 2+158 面：19×26 公分

（中國學術思想研究輯刊 十四編：第 7 冊）

ISBN：978-986-322-017-6（精裝）

1. 莊子　2. 神祕主義　3. 研究考訂

030.8　　　　　　　　　　　　　　　101015187

ISBN-978-986-322-017-6

中國學術思想研究輯刊

十四編　第 七 冊　　　　　ISBN：978-986-322-017-6

《莊子》的神祕主義向度

作　　者	汪淑麗
主　　編	林慶彰
總 編 輯	杜潔祥
出　　版	花木蘭文化出版社
發 行 所	花木蘭文化出版社
發 行 人	高小娟
聯絡地址	新北市永和區中正路五九五號七樓
	電話：02-2923-1455／傳眞：02-2923-1452
網　　址	http://www.huamulan.tw 信箱 sut81518@gmail.com
印　　刷	普羅文化出版廣告事業
封面設計	劉開工作室
初　　版	2012 年 9 月
定　　價	十四編 34 冊（精裝）新台幣 56,000 元

《莊子》的神祕主義向度

汪淑麗　著

作者簡介

汪淑麗
輔仁大學宗教學碩士，
輔仁大學哲學博士生，
現為輔仁大學宗教學系兼任講師，
主要研究領域為中國哲學、神祕主義與宗教哲學。

提　要

　　我們從〈天下〉篇論莊子的部分透顯出莊學是一套神祕主義的理論與實踐，內含有四個探討綱領，即莊學神祕修行中之歷程、效用、語調與美的體證四者，並演繹出八個議題：一為莊學修行之終點，以冥合道體作宗旨「上與造物者遊」；二為莊學修行之起點，以能轉化之心識作根據「獨與天地精神往來」；三為莊學修行之途徑，從調整心弦到達本返始「調適而上遂」；四為莊學修行所導致的超生死、入永恆「下與外死生無終始者為友」；五為莊學修行所導致的平齊物議「不敖倪於萬物，不譴是非」；六為莊學修行所導致的人際社交「與世俗處」；七為得道者語調型態「時恣縱而不儻，不以觭見之也」；八為得道者冥合於道中所體證的美「彼其充實不可以已」等八個議題，本文就其前六個議題加以論述分析，而最後歸納出一個核心宗旨為莊子學理等於是一套「與造物者遊」的神祕主義。

　　在神祕主義的型態上，莊子至少可說是一個隱然的有神論者，但又與形上一元論之說相融合、而又圓融地接納了自然論和巫祝論的意境而形成一更大的整合。莊子是從「萬物與我為一」指向自然論神祕主義向度，「安排而去化，乃入於寥天一」指向一元論神祕主義向度，「偉哉！夫造物者將以予為此拘拘也」指向有神論神祕主義向度，「藐姑射之山有神人居焉」指向巫祝論的終極精神方向。

　　《莊子》的神祕主義不但是啟發了現代心靈，甚至超越世俗既定的框架，讓我們以新的思維方式與多維向度，重新來審視自己的生命。時至今日，當我們重新閱讀內文，也體會到他的理論與實踐都適合我們當代的人，只要我們細心聆聽，一樣可以隨莊子的修行上與造物者遊、獨與天地精神往來而得一切神祕經驗的效用，使我們的生命能在道中安適自在，和諧地與世俗相處。

目

次

導　論
——從《莊子‧天下》論莊子說起

第一節　論文的研究計劃

　　凡浸潤在中國文史哲文化裡的人，無人會忽略《莊子》這部著作，像司馬遷就說莊子是：「其學無所不窺」〔註1〕。歷代文學家，受莊子思想影響顯著的，如陶淵明、李太白、蘇東坡等，在他們的作品中有著自適自逸、逍遙曠達的美感境界。除古人外，當代也有很多極有才氣的文學家、哲學家、藝術家都從他們各自的視野去研究《莊子》，可見《莊子》在不同領域的人心中有很多研究的角度，所以一部成功的著作，經常「其學無所不窺」，即是有豐富的知識和藝術存乎其中，供後人不斷地研究。可是在中國文化裡，《莊子》的研究唯獨少了神祕主義的角度，雖然神祕主義是西方的名詞，但並非中國文化裡沒有，只要是有人的地方，自然就有對宗教的嚮往，也就會有對神祕主義的喜愛。站在神祕主義的角度，筆者一方面喜愛神祕主義，另一方面也喜歡《莊子》，因此把二者結合，嘗試來探討《莊子》的神祕主義向度。

一、研究目的

　　研究此主題的目的，是希望藉由《莊子》對神祕知識的認知，尋找出方法與途徑，而使自身生命在消極面上學習到無執，積極面上能體會出莊子「見道」後那份超越與自在的逍遙境界。

〔註1〕司馬遷，《史記》，卷六十三列傳第三，（台北：新陸，1964），頁720。

二、研究方法

　　本文主要採用的方法是「基源問題研究法」與「創造的詮釋學」。首先是原典的字句疏通、版本考證、語義分析等；其次再從原典蘊含的意義，透視作者思想脈絡和邏輯；最後是在闡釋者當代視域觀照下，依據作者思想推演出該為作者創造性地表達些什麼。〔註2〕

　　勞思光在《新編中國哲學史》談到「基源問題研究法」時的第一步就是先找出「基源問題」，亦即研究者著手整理哲學理論的時候，首先有一個基本了解，就是一切個人的思想理論，根本上是對某一問題的答覆。我們如果確定了這個問題，即可以掌握這一部分理論的總脈絡。反過來說，這理論的一切內容都以這個問題為根源。理論上一步步的工作，不過是對問題提供解答的過程。第二步是掌握了基源問題，就可以將相關的理論重新作一個展示，在展示的過程中，步步都是由基源問題的要求而引出次要的問題。〔註3〕本文應用此研究法時，先是確立了問題，再釐清莊子當初回應此問題所建構的理論脈絡，但由於古籍文獻的有限性，恐怕難以窮究真象，所以本文能做的，是把文本的意義置於所屬的脈絡中去理解，而求其融會貫通，使文本自身的對話能顯現其豐富的意涵。

　　高達美的詮釋學說，詮釋學的重點在於自我的領悟，自我向世界開放形成了自我的境界、視域。而在時間的變化中，自我的領悟不但隨之變遷且也是最真實的，所以我們對世界開放而有所領悟，自然也會伴隨著自我的成見、偏見，但成見、偏見並非是消極負面的觀念，相反地，因每個人的知識背景、文化觀念、生活經驗所形成的成見不同，對世界就會有不同的看法，因此在詮釋文本的過程中，詮釋者會受自身的成見所影響。〔註4〕不過，高達美的詮釋學雖如是的說會受自身的成見所影響，但不代表我們就可以隨心所欲不按原典的脈絡去詮釋，相反地本文是依「古籍的創造的詮釋學」，考察《莊子》

〔註 2〕 依傅偉勳的「創造的詮釋學」共分五個步驟：一是「實謂」、二是「意謂」、三是「蘊謂」、四是「當謂」、五是「創謂」。「實謂」和「意謂」在於考察原典的字句疏通、版本考証、語義分析等；「蘊謂」在於考察原典蘊含的意義，透視作者思想脈絡和邏輯，「當謂」和「創謂」是在闡釋者當代視域觀照下，依據作者思想推演出該為作者創造性地表達些什麼。見傅偉勳，《從創造的詮釋學到大乘佛學》，（台北：東大，1990），頁 9～46。

〔註 3〕 勞思光，《中國哲學史》卷一，3 版（台北：三民，2004），頁 14～17。

〔註 4〕 高達美（Hans-Georg Gadamer）著，洪漢鼎譯，《真理與方法》，第一卷，（台北：時報，1996），頁 352～489。

可能蘊含的意義去透視莊子的思想脈絡和邏輯，在詮釋者當代現域的觀照下，依據莊子的思想理路推演出詮釋者該爲莊子創造性地表達什麼，而這也是本文所應用的研究方法。

三、文獻回顧

本文所依據的重要典籍及註疏是以郭慶藩的《莊子集釋》版本作爲依據，此版本收錄了郭象《莊子注》、成玄英《莊子疏》和陸德明《莊子音義》三書全文。並參酌林希逸《南華眞經口義》、憨山大師《莊子內篇憨山註》、陸西星《莊子南華眞經副》、陳壽昌輯《南華眞經正義》、王先謙《莊子集解》在訓詁考證方面的解釋，另外也引註近人王叔岷《莊子校詮》、錢穆《莊子纂箋》、黃錦鋐《新譯莊子讀本》、關峰《莊子內篇譯解和批判》、吳怡《莊子內篇解義》、陳鼓應《莊子今注今釋》、傅佩榮《解讀莊子》等學者的註釋。歷代注解《莊子》的書非常多，但從神祕主義向度談莊子思想者卻不多見，據我們所較熟識的有以下的作品。

王昌祉著《諸子的我見》中有一章談及「莊子的神祕主義」〔註5〕，內容側重在〈天下〉篇評論莊子的部分有莊子的神祕語調與神祕生活這兩方面，雖只是很簡單的描述，卻可作爲莊子的神祕主義後續發展的引導。

杜善牧所著《老莊思想分析》與《老莊思想與西方哲學》二書中，均有一章節在談論道家的神祕主義，他認爲莊子默觀的修爲即是「遊」，這與天主教神祕家所說的煉、明、合三路是相同的，一開始都是棄絕誘惑人性的官能；其次要棄絕智慧和感覺性的一切，以形成無情的虛空；最後與道結合爲一。只是天主教和有位格性的天主接觸之神祕感覺，而莊子是由物的生死、變化而意識到貫通爲一的道而與道結合的神祕主義。〔註6〕

張亨的〈莊子哲學與神話思想——道家思想溯源〉裡，談及莊子的道是由早期的神話意識轉變發展成的，而透顯出造物者是由楚巫所指的東皇太一轉化而來，所以莊子的思想是根植在當時楚地豐富的宗教和神話上。〔註7〕張亨藉此間接地提示莊子學說有與造物者——東皇太一——冥合這一向度。

〔註5〕 王昌祉，《諸子的我見》，（台中・光啓，1961），頁29～38。
〔註6〕 杜善牧著，宋稚青譯，《老莊思想分析》，4版（台北：光啓，1988），頁46～81。又見《老莊思想與西方哲學》，（台北：三民，1968），頁134～140。
〔註7〕 張亨，〈莊子哲學與神話思想——道家思想溯源〉，《思文之際論文集——儒道思想的現代詮釋》，（台北：允晨，1997），頁101～149。

　　楊儒賓《先秦道家「道」的觀念的發展》一書中論述莊子境界型態的道之理論結構，將莊子與道冥合的狀態分為三種型態：第一種型態的冥合是人去掉感官的束縛、理智的攀緣，由個體性的喪失，而使心靈往內迴向了道，此時稱為「常心」或「體獨」。第二種型態的冥合是除了泯除經驗內容外，更泯除形成經驗來源的感性與理智，並從與外物對列的關係中，返身向內，自證自化，而產生一種意識上的轉變，經由意識的轉變，心靈回到自體，感性與理智也失掉原有功能，甚至時、空間都會消失，個體意識融進了終極的深淵，此時稱為「無知之知」。第三種型態是一般所說的「主體意義的物我合一」，是說不必經由體獨的階段，也不必經由心靈的轉化，人只要清明在躬，隨時即可物我合一。這種型態只是心靈不受經驗內容的干擾，因而導致經驗心靈無限的平面式擴大，心靈雖不受經驗內容束縛，但依然帶有時空的形式，將具有個體性、差異性的物我合為一體，這並非是莊子「見獨」後的冥合型態，例如「至人用心若鏡」即是「主體意義的物我合一」。〔註8〕楊儒賓將莊子與道冥合的狀態區分開來兩種，的確是為後學者研究莊子的神祕主義立下了里程碑，但若依莊子「以謬悠之說，荒唐之言，無端崖之辭……以卮言為曼衍，以重言為眞，以寓言為廣」這些象徵語要釐清這三種型態，有時較難有清楚的判準。

　　包兆會撰《莊子生存論美學研究》一書中有篇附錄〈莊子中的神祕主義〉，其中將神祕主義劃分為審美的、哲學的、宗教的三種。哲學的神祕主義側重的是對純粹自我的本質直觀，它在反思過程中朝向內，指向自身和先驗自我，這點包兆會認為《莊子》中是幾乎沒有，不存在哲學的神祕主義。其次，審美的神祕主義強調的是人與自然宇宙的合一，它在反思過程中朝向外，指向自然宇宙，體驗的是物我不分的神祕境界，《莊子》中單獨描述審美神祕主義的也很少，如果有也和道與聖人聯繫一起。至於宗教的神祕主義強調在神祕體驗過程中人格神的參與和啟示，它還包括了對人格神、溝通人神橋樑超常能力的信仰，如上帝、巫術、宇宙原始的創生能力等等。作者認為若是把目光朝向道原並加以神話化、仙話化時宗教的神祕主義才會產生。〔註9〕所以這篇文章主要在論證《莊子》的神祕主義是在將道原加以神仙化後才會產生宗

〔註8〕 楊儒賓，《先秦道家「道」的觀念的發展》，（台北：台大，1987），頁55～66。
〔註9〕 包兆會，〈莊子中的神祕主義〉收入於《莊子生存論美學研究》，（南京：南京大學，2004），頁282～297。文中作者以「人格神」稱呼「位格神」。

教的神祕主義，筆者認爲這樣的看法不但將神祕主義過於窄化，也未對《莊子》的神祕主義內涵加以陳述清楚。

最後是關永中的單篇論文〈上與造物者遊——與莊子對談神祕主義〉〔註10〕、〈「獨與天地精神往來」—與莊子對談神祕經驗知識論〉〔註11〕和〈不敖倪於萬物不譴是非——與莊子懇談見道及其所引致的平齊物議〉〔註12〕，由於三篇是單篇的論文，所論述的篇幅有限，無法從神祕主義的角度闡述完整。因此，本論文關注《莊子》的神祕主義向度，期望透過神祕主義的專門研究來詮釋《莊子》，藉以了解莊學神祕修行之歷程、效用，從而形成一完整體系的探究，使《莊子》的神祕主義向度有更豐富詳盡的面貌呈現。

四、研究範圍

本文將展開與莊子對談神祕主義的向度，含括神祕修行的起點，即主體結構；歷程，即實踐的途徑、步驟、過程；終點，即目標，與神祕修行的效用，平齊物議、外死生無終始、與世俗處等面向。本文只處理我們在下節會詳述的「內容深究」裡所提到八個反思議題中的前六個議題，最主要原因是因爲本論文在篇幅上的要求，再加上個人學識能力還有時間的限制，所以只針對前六個議題來談《莊子》的神祕主義向度。

本文內容分爲五個部分陳述，從 1）「上與造物者遊」，《莊子》學理看其神祕主義及型態；2）「獨與天地精神往來」，與莊子懇談能導致見道的心靈結構；3）「調適而上遂」，與莊子懇談修道以達本返始的途徑；4）「下與外死生無終始者爲友」，神祕修行所導致入於永恆的效用；到 5）「不敖倪於萬物不譴是非與世俗處」，神祕修行所導致平齊物論與在人際關係上的效用共五個部分探討。希望在新的視野重新審視下，本文能使《莊子》的神祕主義向度開顯其全面性意涵。

〔註10〕關永中，〈上與造物者遊——與莊子對談神祕主義〉《哲學評論》，第 22 期（1999年 1 月），頁 137～172。

〔註11〕關永中，〈「獨與天地精神往來」—與莊子對談神祕經驗知識論〉《第三個千禧年哲學的展望—基督宗教與中華文化交談—會議論文集》，（台北：輔大出版社，2002），頁 107～156。

〔註12〕關永中，〈不敖倪於萬物不譴是非——與莊子懇談見道及其所引致的平齊物議〉，《台灣大學哲學論評》，第 32 期（台北：台灣大學，2006 年 10 月），頁45～74。

第二節　〈天下〉篇對莊子神祕主義的提示

在研究《莊子》的神祕主義向度以前，首先要回應的問題是《莊子》內是否含有神祕主義的向度？如果有，我們是從文本的何處得知？在回答此問題之前，有必要先探討〈天下〉篇論莊子的部分。

〈天下〉篇論莊子的部分看來是如此地引導人，從這些漫無邊際的文辭裡去看出深層蘊含的完整結構。我們將在此節中，先展示原文的意涵，再就形式與內容的部分作深究探討，最後再釐清對〈天下〉篇的諸多質疑。

一、原典初釋

作為我們反思的出發點，茲讓我們首先聆聽〈天下〉篇對莊子書的論述：

> 芴漠無形，變化無常。死與生與，天地並與，神明往與！芒乎何之，忽乎何適，萬物畢羅，莫足以歸。古之道術有在於是者。莊周聞其風而說之，以謬悠之說，荒唐之言，無端崖之辭，時恣縱而不儻，不以觭見之也。以天下為沈濁，不可與莊語，以卮言為曼衍，以重言為真，以寓言為廣。獨與天地精神往來，而不敖倪於萬物，不譴是非，以與世俗處。其書雖瓌瑋，而連犿無傷也。其辭雖參差，而諔詭可觀。彼其充實，不可以已，上與造物者遊，而下與外死生、無終始者為友。其於本也，弘大而辟，深閎而肆，其於宗也，可謂稠適而上遂矣。雖然，其應於化而解於物也，其理不竭，其來不蛻，芒乎昧乎，未之盡者。

我們對原文句子有以下的初步體認：

「芴漠無形，變化無常」，「芴漠無形」成玄英《疏》云：「妙本無形，故寂漠也」〔註13〕，陸明德《釋文》注：「元嘉本作『寂』」〔註14〕，「寂」是同「靜」、「寂寞」，因為是沒有任何事物可與道體抗衡，所以指「道體」、「最高本體」之「寂然不動」，亦即存有（Being）之「常」與「不變」。「變化無常」，成玄英《疏》云：「跡隨物化，故無常也。」〔註15〕此語的重點在萬物的變動（Becoming），也提及「道」內在於萬物之變動。因此「芴漠無形，變化無常」，突顯出「道」對比「萬物」、「常」對比「變」。

〔註13〕郭慶藩輯，王孝魚整理，《莊子集釋（下）》，（台北：華正，2004），頁1099。
〔註14〕同上。
〔註15〕同上。

　　「死與生與，天地並與，神明往與！」成玄英《疏》云：「以死生爲晝夜，故將二儀並也。隨造化而轉變，故共神明往矣。」〔註16〕而生死、晝夜、天地等語皆展示概念間之對立而「不齊」，寓意著世俗人執著於物論的對立；「天地並與」隱括「天地與我並生，萬物與我爲一」（〈齊物論〉）所顯示的平齊物議，所以「死與生與」亦對比著「天地並與」。換言之，此句凸顯著「割裂」對比「平齊」（即「分」對比「合」）、「不齊」對比「齊」，以比較世俗中人執迷於「不齊」對比著得道者體證道之整體的「齊」。「神明往與」的「神明」雖並未明言是造物者或人精神主體，但可解作「與神明交往」，其中至少含三重義：一是神創造（流出 Exitus）萬物；二是人精神嚮往（回歸 Reditus）神；三是人神交往達致冥合。所以此句也隱晦著「上與造物者遊」、「獨與天地精神往來」二語，不但是給此二語埋下伏筆，也給下句「芒乎何之，忽乎何適，萬物畢羅，莫足以歸」埋下伏線。

　　「芒乎何之，忽乎何適」，依字面地解釋：「芒乎」、「忽乎」是形容恍惚芒昧的狀貌，「何之」、「何適」即何去何處。〔註17〕成玄英《疏》則注：「委自然而變化，隨芒忽而遨遊，既無情於去取，亦任命而之適。」〔註18〕成玄英因本身是道士〔註19〕，所以較站在得道者的立場去詮釋。他認爲得道者即使形軀委身於大自然而與之一起變化，到底隨著恍惚芒昧的世情變幻之中而能逍遙無待地與造物者遨遊，不被對世物之取捨而牽動內心之情緒不安，以致能樂天安命、安時處順、悠然自適。「芒」、「忽」既是恍惚芒昧，似有暗示著普通經驗運作之吊銷，而出神狀態的湧現，即暗示神祕經驗中之神魂超拔，顯示著「普通經驗」對比「神祕經驗」。「何之」是在問有何去向？嚮往何目標？「何適」是在問適應何目標？又何處才是安適棲身的歸宿？亦即茫然不知何去，飄然不知何適？「恍恍惚惚，不知道到什麼地方去？也不知道何處安適？萬物都包羅在內，沒有什麼可歸宿的地方。」〔註20〕於此顯示出「流離失所」對比「最後歸宿」、「暫居之地」對比著「最後歸宿」。

〔註16〕同上。

〔註17〕陳鼓應，《莊子今注今釋（下）》，（台北：商務，1994），頁965。

〔註18〕郭慶藩輯，《莊子集釋（下）》，頁1099。

〔註19〕陳振孫，《直齋書錄解題》卷九：「唐道士西華法師，陝郡成玄英子實撰」，（台北：廣文，1968），頁632。馬端臨《文獻通考・經籍》卷211：「貞觀五年，召至京師，加號西華法師」，（台北：商務，1987），頁1733。參閱周雅清，《成玄英思想研究》，（台北：新文豐，2003），頁85。

〔註20〕黃錦鋐註譯，《新譯莊子讀本》，2版（台北：三民，2007），頁475。

　　「萬物畢羅，莫足以歸」成玄英《疏》云：「包羅庶物，囊括宇內，未嘗離道，何處歸根。」〔註21〕道體包羅宇宙萬物，萬物未嘗須臾離開道體，若問及宇宙萬物之最後根基，也唯有道體本身是一切事物的歸宿，除了最終極之道體外，沒有任何事物足以作爲萬有的最後基礎。於此，我們又看了「萬物本身不以自己作宗向」對比「萬物以最後道體作宗向」，換言之，「道體作宗向」對比「萬物本身非自己作宗向」，配合前語「神明往與」，更凸顯眾生以「造物者」、「天地精神」作爲嚮往之最終目標。

　　「以謬悠之說，荒唐之言，無端崖之辭，時恣縱而不儻，不以觭見之也。」成玄英《疏》云：「謬，虛也；悠，遠也；荒唐，廣大也；恣縱，猶放任也；觭，不偶也。而莊子應世挺生，冥契元道，故能致虛遠深宏之說、無涯無緒之談，隨時放任而不偏黨，和氣混俗未嘗觭介也。」〔註22〕陸明德《釋文》云：「『謬悠』，謂若忘於情實者也；『荒唐』，謂廣大無域畔者也。」〔註23〕綜合言之，以迂遠之說、廣大之言、不著邊際之辭，放任而不黨同伐異，不以偏（片）面之見而排斥異議。因此字面上晦顯出「觭」乃「偶」之對比，即「整全語」對比「偏面語」。因莊子乃是位冥契天道的得道者，以致於用語虛遠深宏，廣大無邊，蓋因其發覺一般日常用語已不能充份表達見道情狀之究竟，他因時際宜而放任其辭，不黨同伐異，不以偏面之見來掩蔽整全之道體道術。所以此句亦透顯出「神祕語調」對比著「日常用語」。

　　「以天下爲沈濁，不可與莊語」，郭象《注》曰：「累於形名，以莊語爲狂而不信，故不與也。」〔註24〕郭象指「莊語」爲莊周之語。成玄英《疏》云：「莊語猶大言也。宇內黔黎沈滯闇濁，咸溺於小辯，未可與說大言也。」〔註25〕成玄英是指一般黎民沈溺於小辯，莊子未能以大言勸化。陸明德《釋文》云：「莊語，……一云莊正也。一本作壯，……端大也。」〔註26〕郭慶藩案：「莊，壯，古音義通。」〔註27〕王先謙《莊子集解》云：「莊語，猶正論」〔註28〕陳鼓應則主張「莊」爲嚴正之意〔註29〕，黃錦鋐譯：「他以爲天下沈迷

〔註21〕郭慶藩輯，《莊子集釋（下）》，頁 1099。

〔註22〕同上著作，頁 1099～1100。

〔註23〕同上著作，頁 1100。

〔註24〕郭慶藩輯，《莊子集釋（下）》，頁 1100。

〔註25〕同上。

〔註26〕同上。

〔註27〕同上。

〔註28〕王先謙，《莊子集解》，5 版（台北：東大，2006），頁 310。

混濁，不能講述莊正的言論。」〔註30〕於此，我們也瞥見了「因得道而引申之莊語」對比「天下沈濁之語」，亦即「清」對比「濁」，也就是「聖」對比「俗」。

「以巵言為曼衍，以重言為真，以寓言為廣。」成玄英《疏》云：「巵言，不定也；曼衍，無心也。重，尊者也。寓，寄也。夫巵滿則傾，巵空則仰，故以巵器〔註31〕以況至言。而耆艾之談，體多真實。寄之他人，其理深廣。」〔註32〕《莊子‧寓言》云：「寓言十九〔註33〕，重言十七，巵言日出，和以天倪。」陳鼓應解：「巵言，喻無心之言。重言，為人所重之言。寓言，寄寓他人他物的言論。」〔註34〕黃錦鋐則譯為「用變化不定言辭而推衍到無窮，以引重的話令人覺得是真實的，以寄託虛構的寓言來闡明他的學說。」〔註35〕於此，我們所獲得的對比是：「莊正、壯大之用語」對「巵言、重言、寓言」，亦即「莊語」對比「象徵語」。

「獨與天地精神往來，而不敖倪於萬物，不譴是非，以與世俗處。」「天地精神」按唐君毅所言是「天地之『造物生物而有物之精神』」〔註36〕換言之，「是為一有靈智之『絕對心靈』……實為『造物者』、『造化者』、『真宰』之同義辭，共同表達出道心之為『有情有信』、有心靈情意之精神體。」〔註37〕又「獨與天地精神往來」一語，「獨」字之核心義在於「見獨」，即「見道」，〈大宗師〉語：「朝徹而後能見獨」，為此「獨與天地精神往來」一語也「展現神祕家與道在精神上的契合，以至化除彼此間隔閡的封界。在這前提下，『獨』字誠然投射了一份小我融入大我，人與道同體的意含。」〔註38〕再者「精神」一辭，「同時凸顯人與道的靈智面，也寓意著人與道間之精神契合。」〔註39〕人在「見道」中與「天地精神」作「精神往來」，此語已暗示，人有其「精神」心智的結構，可與「絕對精神」、「造物者」相通。「獨」、「天地精神」、

〔註29〕 陳鼓應，《莊子今注今釋（下）》，頁966。
〔註30〕 黃錦鋐註譯，《新譯莊子讀本》，頁475。
〔註31〕 巵器為酒器、漏斗。見陳鼓應，《莊子今注今釋（下）》，頁793。
〔註32〕 郭慶藩輯，《莊子集釋（下）》，頁1100。
〔註33〕 十九即十分之九。見陳鼓應，《莊子今注今釋（下）》，頁792。
〔註34〕 同上著作，頁966。
〔註35〕 黃錦鋐註譯，《新譯莊子讀本》，頁475。
〔註36〕 唐君毅《中國哲學原論：原道篇一》，（香港：新亞，1973），頁345。
〔註37〕 關永中，〈「獨與天地精神往來」〉，頁119。
〔註38〕 同上著作，頁110。
〔註39〕 同上著作，頁117。

「精神往來」等辭，給我們凸顯了莊子神祕經驗知識論的面向。〔註40〕於此，我們瞥見以下的對比：「絕對精神」對比「人之精神」、「見獨／精神往來」對比「未見獨／天人隔閡」。站在知識論的立場看，「精神往來」有「轉識成智」之暗示，其中蘊含「未見道之『識』」對比「見道之『智』」。「而不敖倪於萬物，不譴是非，以與世俗處。」成玄英《疏》云：「敖倪，猶驕矜也。抱眞精之智，運不測之神，奇跡域中，生來死往，謙和順物，因不驕矜。」又云：「譴，責也。是非無主，不可窮責，故能混世揚波，處於塵俗也。」〔註41〕其中意含，可意譯爲不鄙視萬物，不譴責是非，藉此而與世俗共處。「不敖倪於萬物，不譴是非」相應〈齊物論〉所談之「齊物」與「物論」，即是「平齊物議」〔註42〕。於此，配合「獨與天地精神往來」一語，我們再可獲得的對比是：「精神」對比「自然」、「不齊」對比「齊物與論」、「得道者」對比「世俗人」。

　　「其書雖瓌瑋，而連犿無傷也。其辭雖參差，而諔詭可觀。彼其充實，不可以已。」「其書雖瓌瑋，而連犿無傷也」，成玄英《疏》云：「瓌瑋，宏壯也。連犿，和混也。莊子之書其旨高遠，言猶涉俗，故合物而無傷。」〔註43〕，陸明德《釋文》注：「瓌瑋，奇特也。連犿……宛轉貌，一云相從之貌；謂與物相從不違，故無傷也。」〔註44〕表示其書雖然宏壯奇特，但宛轉敍說；其旨高遠而言猶涉俗，與世物和同混融而不妨害大道。「瓌瑋」意指「豪放之美」，即「壯美」；「連犿」意指「婉約之美」，即「優美」。「其辭雖參差，而諔詭可觀」，郭象《注》曰：「不唯應當時之務故參差。」〔註45〕亦即不適時務，與順境逆，可引致悲劇的誕生。成玄英《疏》云：「參差者，或虛或實，不一其言也。諔詭，猶滑稽也。雖寓言託事，時代參差，而諔詭滑稽，甚可觀閱也。」〔註46〕陳鼓應註釋：「諔詭，奇異也（李頤說）……參差：或虛或實（成疏）；或彼或此；或抑或揚，不可定（林希逸說）。」〔註47〕林希逸解爲：「其言雖怪誕而自可玩」〔註48〕，於此，歸結爲：他的言辭雖然變化多端，但卻是滑

〔註40〕同上著作，頁 120。
〔註41〕郭慶藩輯，《莊子集釋（下）》，頁 1100。
〔註42〕關永中，〈不敖倪於萬物，不譴是非〉，頁 45～74。
〔註43〕郭慶藩輯，《莊子集釋（下）》，頁 1101。
〔註44〕郭慶藩輯，《莊子集釋（下）》，頁 1101。
〔註45〕同上。
〔註46〕同上。
〔註47〕陳鼓應，《莊子今注今釋（下）》，頁 966。
〔註48〕林希逸，《南華眞經口義》，（雲南：人民，2002），頁 476。

稽可觀。看來「參差」似隱括著悲劇面，而「諔詭」則蘊含著喜劇面。「彼其充實，不可以已」，郭象《注》云：「多所有也。」〔註49〕成玄英《疏》云：「已，止也。彼所著書，辭清理遠，括囊無實，富贍無窮，故不止極也。」〔註50〕所以，莊子的思想充實而難以窮究。從中我們看出兩個美學上的對比，即「壯美」對比「優美」，「悲劇面」對比「喜劇面」。

「上與造物者遊，而下與外死生、無終始者為友。」成玄英《疏》云：「乘變化而遨遊，交自然而為友，故能混同生死，冥一始終。本妙跡粗，故言上下。」〔註51〕王叔岷注：「『外死生、無終始者』得道之人也。謂上與道遊，下與得道之人為友耳。」〔註52〕意指在上與造物者同遊，而下與忘死生、沒有終始分別的人做朋友。從中我們看出「上」對比「下」、「造物者」對比「受造物」、「死生」對比「外死生」、也對比著「死」與「生」、「終」與「始」。

「其於本也，弘大而辟，深閎而肆，其於宗也，可謂稠適而上遂矣。」成玄英《疏》云：「闢，開也。弘，大也。閎，亦大也。肆，申也。遂，達也。言至本深大，申暢開通，真宗調適，上達玄道也。」〔註53〕「深閎」一方面讓我們體會到「得道者」用語之「大而開、深而博」，以及「得道者」所體證之道的「廣大深博」。所以莊子講述道的根本，是弘大而通達，深遠而博大。「其於宗也，可謂稠適而上遂矣」，他談論道的宗旨，是調和妥適而達本返始。此指修行人以「達本返始」為其修行之宗旨。

「雖然，其應於化而解於物也，其理不竭，其來不蛻，芒乎昧乎，未之盡者。」「其應於化而解於物也」，陳壽昌《南華真經正義》曰：「應自然之大化以解萬物之懸結」〔註54〕，成玄英《疏》解「其理不竭，其來不蛻」時說：「妙理虛玄，應無窮竭，而機來感己，終不蛻而捨之也。」〔註55〕「其來不蛻」王叔岷注為：「猶〈知北遊〉篇『其來無跡』……宣穎云：『來無端』，義相近。」〔註56〕陳鼓應注釋為「不蛻，指不離於道。」〔註57〕其實無論是無

〔註49〕郭慶藩輯，《莊子集釋（下）》，頁1101。

〔註50〕同上。

〔註51〕同上。

〔註52〕王叔岷，《莊子校詮》下冊，4版，中央研究院歷史語言研究所專刊之八十八，（台北：中央研究院，2007），頁1348。

〔註53〕郭慶藩輯，《莊子集釋（下）》，頁1101。

〔註54〕陳壽昌輯，《南華真經正義》，（台北：新天地，1972），頁70。

〔註55〕郭慶藩輯，《莊子集釋（下）》，頁1102。

〔註56〕王叔岷，《莊子校詮》下冊，頁1349。

跡或不離於道，二者並不相違，因道體本就其來無跡。另「芒乎昧乎，未之盡者」成玄英《疏》解釋為「芒昧，猶窈冥也。言莊子之書，窈窕深遠，芒昧恍惚，視聽無辯，若以言象徵求，未窮其趣也。」〔註58〕可見「芒昧」一辭影射著神祕經驗的意識狀態。也因此莊子適應於變化而解脫於物的束縛，他的道理無窮盡，來處無跡，芒昧恍惚，未窮其趣。於此，我們看出莊子學理的「不竭」、「不蛻」、「芒昧」、「無窮盡」。

我們可從對原文所獲得的最初步、最籠統的體會上，約略地作語譯如下：

恍惚芒昧、空虛寂靜、無形可見、變化無常，這是死？還是生？與天地並存，與神明同往，渺茫不知何處，恍恍惚惚亦不知何適，宇宙萬物都包羅在內，沒有什麼地方足以作為最後的歸宿。古來的道術有屬於這方面的。莊周聽到這種風尚就喜歡它。以虛空深遠的論說，廣大無涯的言語，漫無邊際的文辭，時常任意放縱而不結黨營私，也不會偏持於一端的見解來與別人爭辯，而且認為天下人沉迷混濁，不能和世人講端莊嚴正的言論，所以用無心之言來推衍至無窮，引用重言來使人覺得真實，以寓言來推廣他的學說。獨自與天地精神往來，而不敖視於萬物，不問是非，和世俗人事物相處。他的書雖然宏偉奇特，但卻是宛轉述說無傷道理。他的言辭雖然變化多端，但卻是滑稽可觀。他的思想充實而難以窮究，他在上與造物者同遊，而下與忘死生、沒有終始分別的人做朋友。他講述道的根本，是弘大而通達，深遠而博大，他談論道的宗旨，是調和妥適而達本返始。雖然如此，他適應變化而解脫物的束縛，他的道理無窮盡，來處不離大道，芒昧恍惚，未窮其趣。

從〈天下〉篇論莊子的部分，我們可分析出內容有多重的對比存在：一對多、道對萬物、寂靜對變動、常對變、神對人、出對歸、整全語對偏面語、莊語對象徵語、精神對自然、不齊對齊物論、得道者對世俗人、虛對實、莊正對諔詭、死生對外死生、時間對永恆、造物者對受造物、有待對無待等多重的對比存在，而這些多重的對比我們可以總歸為「以道觀之」對比「以俗觀之」。

若要對〈天下〉篇原文作較細緻的分折，我們可進而提出以下的「形式深究」與「內容深究」。

〔註57〕陳鼓應，《莊子今注今釋（下）》，頁 967。
〔註58〕郭慶藩輯，《莊子集釋（下）》，頁 1102。

二、形式深究

固然每一文本自身的「形式」與「內容」是唇齒相依的，但我們仍然可以在比重上作分別論述，以看出二者之間的特性與連繫。所謂「形式」，我們所指的是一文在行文上的格式結構，用以看看它如何支撐其內容，至於「內容」一詞，我們所注意的重點乃在於行文所要帶出的義蘊，藉此體會其行文結構所欲透顯的重要思想。

談及〈天下〉篇論莊子的段落，即使作者不一定刻意地要營造一個特殊的行文架構，但為對修辭學有一點認識的人而言，他也許會看出〈天下〉篇作者至少隱然地採用了修辭學上的「交錯配列法」（chiasmus），即行文上暗藏了一個「交錯配列結構」（chiastic structure），以其中的語句首尾呼應，眾句子間前後交錯配列，字裡行間有很多的對比與詮釋，以最核心的部分位於較中間的位置，藉此帶出行文上的張力，以及張力間的化解和回應。〔註59〕

我們可權宜地首先把〈天下〉篇論莊子的形式架構表列出來，再企圖作一解釋。概括地說，原文的「引語」與「結語」是一交錯配列；繼而，正文中蘊含著兩層面的交錯配列，即「能表達的語調」與「所表達的本宗」之交錯，以及「核心語（一）」與「核心語（二）」之配列，如圖1所示：

〔註59〕「交錯配列法」之運用，在不同文化中都可窺見，古猶太民族尤喜用此法，其型態有正比、反比等多種表現方式，以下列舉幾種作說明：第一種是為「正比型」，後句承接前句而在重複中時而在意義上作出若干補充，例一：「人生是戲，戲即人生」；例二：「苦口良藥，良藥苦口」；例三：「生產第一，第一生產」。第二種是為「反比型」，後句背反前句義而引出更深層之義：神祕主義思維多喜用此形態。例一：新約福音中的「凡愛惜生命，必然喪失生命。凡為我而喪失生命，反然獲得生命。」（瑪竇福音 16：25）（瑪爾谷福音 8：35）（路加福音 9：24）；例二：古希臘語有云：「人是為生存而進食，而不是為進食而生存」（Man eats in order to live; he does not live in order to eat）（相傳語出自蘇格拉底）。例三：英語也有所謂「We live to die, but we die to live」等語。第三種型態是為「方向型」，眾句子環環相叩中引出一思考方向，例如老子《道德經‧第十六章》：「……知常容、容乃公、公乃全、全乃天、天乃道、道乃久。沒身不殆。」與〈第四十二章〉云：「道生一，一生二，二生三，三生萬物。」的「A→B，B→C，C→D」型態；第四種型態可名「同心型」（Concentric Style），眾句子排列似同心圓圈，即如文中《莊子‧天下》所示的「A→B→C→D→C′→B′→A′」。尚有多種型態呈現「交錯配列法」之結構，可參閱郭秀娟，《認識聖經文學》，（台北：校園書房，2001），頁 23～39。

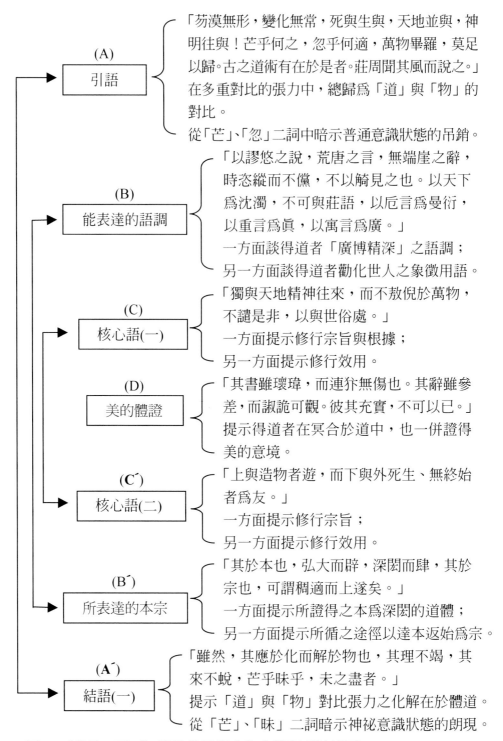

圖1：《莊子‧天下》篇論莊子部分的交錯配列結構圖。

　　茲把〈天下〉篇論莊子的形式架構——「交錯配列安排」分為（一）「引語」（A）與「結語」（A´）之交錯、（二）「能表達的語調」（B）與「所表達的本宗」（B´）之交錯、（三）從「語調」與「本宗」的呼應中體證美（D）、（四）「核心語（一）」（C）與「核心語（二）」（C´）之運貫與互補，共四點陳述，以交待其中的來龍去脈。

　　（一）「引語」（A）與「結語」（A´）之交錯

　　提綱挈領地說，「引語」與「結語」在交錯中含括著張力與化解，而「芒昧」一辭則作為拘連引語與結語關鍵辭，並提示神祕經驗的意識狀態。

　　1、張力與化解

　　「引語」從「芴漠無形，變化無常」之語開始至「莊周聞其風而說之」為止。在其中，我們瞥見一系列的對比，例如：「芴漠無形，變化無常」為我們投擲出「道」與「物」的對比，以及「常」與「變」的張力，繼而「死與生與，天地並與」等句，又為我們凸顯出「死」與「生」、「天」與「地」等之對立，並引用「天地並與」一語來暗示「天地與我並生，萬物與我為一」（〈齊物論〉），指出以「齊物」來化解「不齊」，以「合」來化解「分」。再者，作者又從「萬物畢羅，莫足以歸」來凸顯「暫世」與「歸宿」的抗衡，「引語」所提示的對比，可總歸為「道」與「萬物」的對比、「本」與「末」的張力，其中要求張力的化解，而眾張力要在「結語」中指示化解的途徑。

　　「結語」以「雖然，其應於化而解於物也」開始，至「芒乎昧乎，未之盡者」止，尤其在「應於化而解於物」一語暗示「引語」中的眾張力有其化解之途，而化解之途在於得道者之悟道與體道，藉體道中證得萬物都在道內，與道合而為一，換言之，一切「正」「反」之對立，都可在神祕冥合中藉證得「道通為一」而獲得矛盾的消解，原文中「其來不蛻」一語尤指萬有不離於道之意，即一切的對立與不齊都可在神祕體道中了悟道與萬物沒有絕對的分野，道在一切內，一切在道內，人只有在得道體道中證得。總之，原文之「結語」以體道悟道之途來化解「引語」所標榜對比與張力。

　　2、「芒昧」作拘連引語與結語的關鍵辭

　　有趣的事，引語與結語都先後出現「芴漠無形」、「芒乎何之，忽乎何適」、「芒乎昧乎」等語，藉此讓讀者警醒引語與結語之間的前後呼應，也就是說，〈天下〉篇作者以「芒昧」之辭彙來作為拘連引語與結語的關鍵辭，問題只

在於「芒乎」、「芒昧」等辭所指之意義爲何而已。

3、「芒昧」提示神祕經驗的意識狀態

看來〈天下〉篇作者並不是隨便引用「芒昧」這一詞語，他必是意有所指，爲神祕家而言，「芒昧」一辭影射著神祕經驗的意識狀態，其消極義在於普通意識的暫時被吊銷，其積極義在於超越意識的空靈明覺的刹那朗現，以致得道者可在普通思辨理性的暫時沈寂中體證道體的究竟。

（二）「能表達的語調」（B）與「所表達的本宗」（B´）之交錯

提綱挈領地說，「能表達的語調」與「所表達的本宗」兩小段裡在排比和交錯中含括了「語調」與「本宗」的互動，及以「深閎」作貫連之關鍵辭，並寓意得道者對天道之體證。

1、「語調」與「本宗」的互動

其中「語調」含得道語、間奏語、勸化語三套用語並意有所指，而「本宗」即用語所指的基礎與宗旨；茲申述如下：

（1）「語調」含三套用語並意有所指

原文前端，繼引語之後有能表達的語調一段，從「以謬悠之說」一語起，至「以寓言爲廣」止，文中看來投擲出得道語、間奏語、勸化語三方面的用語，其型態與勸化用語都有積極與消極面。

甲、得道者語調型態

積極面／博大精深——「以謬悠之說，荒唐之言，無端崖之辭」

消極面／不片面地黨同伐異——「時恣縱而不儻，不以觭見之也」

乙、得道者勸化用語

消極面／不用莊正言論——「以天下爲沈濁，不可與莊語」

積極面／採象徵語言——「以巵言爲曼衍，以重言爲眞，以寓言爲廣。」

（2）「本宗」即用語所指的基礎與宗旨

與「能表達的語調」相應的是「所表達的本宗」一小段。「本宗」即用語所指的基礎與宗旨。其基礎是深閎之道體；其宗旨乃是達本返始。

甲、基礎——「其於本也，弘大而辟，深閎而肆」，此語意指莊子學理所指的根本——道體——乃是一弘大而無所不包的本體，萬物出自

祂，也歸於祂，在祂內，祂也在萬物內，是爲一切事物之基礎與根源。

乙、宗旨──「其於宗也，可謂稠適而上遂矣」，此指修行人以「達本返始」爲其修行之宗旨，並藉「稠適上遂」四字暗示一條修行的途徑，以「調」整心弦作前提，以「適」應目標作嚮導，以往「上」超越作自勉，以「達」本返始作終向。

2、以「深閎」作拘連之關鍵辭

不論是「語調」一節，或「本宗」一段，我們都瞥見「謬悠」、「無端崖」「弘大」、「深閎」等字眼，標榜著一份博大精深的底蘊。以「深閎」等辭作立足點，讓我們體會到「得道者」用語之「深博」，以及所體證之道的「深閎」的互應。

3、「深閎」寓意得道者對天道之體證

以「深閎」作關鍵辭，我們不單體會「得道者」與所體證之「道」的息息相關，也得悉〈天下〉篇論莊子「論調」及所表達之「本宗」的前後呼應。

（三）從「語調」與「本宗」的呼應中體證美（D）

「語調」與「本宗」的呼應中，尚且指示得道者所體會的「美」的屬性，也藉著得道者的著作用語上，讓讀者也從中意會「美」的意境，以及「美」與「道」的內在關連。原文「其書雖瓌瑋，而連犿無傷也。其辭雖參差，而諔詭可觀。彼其充實，不可以已。」字裡行間，分別提示道體之「美」、人在體道中所證得之「美」、以及得道者藉語言文字所表達的「美」。

（1）美境的豪放面──「其書瓌瑋」
（2）美境的婉約面──「連犿無傷」
（3）美境的糾纏面──「其辭參差」
（4）美境的嬉戲面──「諔詭可觀」

（四）「核心語（一）」（C）與「核心語（二）」（Ｃ´）之連貫與互補

〈天下〉篇論莊子的中心學說，總歸爲以下的兩語：「獨與天地精神往來，而不敖倪於萬物，不譴是非，以與世俗處」與「上與造物者遊，而下與外死生、無終始者爲友」兩核心語互相連貫與補充。

1、兩核心語之連貫
同標榜與絕對精神冥合，亦相同強調人神結合中有其效用。

2、兩核心語之互補

「獨與天地精神往來，而不敖倪於萬物，不譴是非，以與世俗處」暗示人神冥合的基礎，既有能轉變之心識，也提示「平齊物議」、「與世俗處」之效用。而「上與造物者遊，而下與外死生、無終始者爲友」指出與造物者遊的逍遙，也寓意外死生、入於永恆的效用。

兩語一起構成莊子學說的核心理論，不但意義相通、結構相同，而且爲我們鉤勒出得道者上與超凡境界自在遨遊，下與塵世中人逍遙共處的神祕主義畫面。尤其「獨與天地精神往來」與「上與造物者遊」同時指出莊子學理之修行，以「天地精神」、「造物者」爲其嚮往之最終目標，其中蘊含著深厚的神祕主義色彩。

總括地說，我們就〈天下〉篇論莊子的形式架構——「交錯配列安排」，在作脈絡的分析下，看到它透顯出結構中之重重交錯：即「引語」（A）與「結語」（A′）之交錯、「能表達的語調」（B）與「所表達的本宗」（B′）之交錯、從「語調」與「本宗」的呼應中體證美（D）、「核心語（一）」（C）與「核心語（二）」（C′）之連貫與互補，共四個交錯配列的安排，而在這個形式架構中，我們再繼續探究莊子所想表達的內容爲何。

三、內容深究

我們對〈天下〉篇論莊子的部分作內容深究的目的，是在於要看出莊子所要帶出的義蘊，我們藉此體會其行文結構所欲透顯的重要思想，而做核心要旨、探討綱領、與反思議題的撮要。〈天下〉篇論莊子學說，字裡行間看來給予了我們一系列提示如下：

（一）一個核心要旨——莊學是一套神祕理論與實踐
（二）四個探討綱領——1、莊學神祕修行之歷程。
　　　　　　　　　　　2、莊學神祕修行之效用。
　　　　　　　　　　　3、莊學神祕修行之語調。
　　　　　　　　　　　4、莊學神祕體證之美境。
（三）八個反思議題：
歷程：1、莊學修行之終點／以冥合道體作宗旨——「上與造物者遊」
　　　2、莊學修行之起點／以能轉化之心識作根據——「獨與天地精神往來」

3、莊學修行之途徑／從調整心弦到達本返始——「調適而上遂」

效用：4、莊學修行所導致的超生死、入永恆——「下與外死生無終始者為友」

5、莊學修行所導致的平齊物議——「不敖倪於萬物，不譴是非」

6、莊學修行所導致的人際社交——「與世俗處」

語調：7、得道者語調型態

（1）得道語——「以謬悠之說，荒唐之言，無端崖之辭，時恣縱而不儻，不以觭見之也」

（2）間奏語——「以天下為沈濁，不可與莊語」

（3）勸化語——「以卮言為曼衍，以重言為真，以寓言為廣」

美境：8、得道者冥合於道中所體證的美——「彼其充實不可以已」

（1）美境的豪放面——「其書瓌瑋」

（2）美境的婉約面——「連犿無傷」

（3）美境的糾纏面——「其辭參差」

（4）美境的嬉戲面——「諔詭可觀」

茲分述如下：

（一）一個核心要旨——莊學是一套神祕理論與實踐

上述之「原文初釋」讓我們從多重對比（如「道」之於「物」、「一」之於「多」等）得悉「見道」與「凡俗」之懸殊；而上文之「形式深究」又讓我們從「引語」與「結語」之交錯中，藉「芒昧」等辭的凸顯而意會普通意識轉變與神祕意識的朗現；繼而從「語調」與「本宗」的交錯中，藉「謬悠」、「深閎」等辭的刻劃而意會得道者在體道中所融入的深廣之域，再者兩小段核心語「獨與天地精神往來」與「上與造物者遊」的配列，更讓讀者意識到其中濃厚的神祕修行歷程的來龍去脈。而「美的體證」一小段，還讓讀者明瞭「美」與「道」彼此的連貫。總之，上文的分析，都多少向我們指示：莊子的學說是為一套神祕主義，蘊含著神祕學理與實踐。這一核心要旨作前提，〈天下〉篇作者尚且為我們提示出四個探討綱領。

（二）四個探討綱領

〈天下〉篇作者在陳述莊子學理的同時，至少隱然地劃出四個探討綱領，即分別提出莊學修行中之歷程、效用、語調與美的體證四者。

1、莊學神祕修行之歷程

在〈天下〉篇論莊學一段的論述，我們尚且從其中較核心的語句上，尤從「上與造物者遊」、「獨與天地精神往來」及「調適而上遂」三語中，體會到莊學修行方面的起、訖與過站，也就是說，我們可從字裡行間瞥見莊子靈修的歷程，其中包括起點、終點與途徑。

2、莊學神祕修行之效用

繼而，在〈天下〉篇論莊學中之兩小段核心語中，我們尤從「下與外死生、無終始者為友」以及「不敖倪於萬物，不譴是非，以與世俗處」之語當中體會到得道者藉神祕修行中所獲得的效果，它們至少計有「外死生」、「無終始」、「齊物」、「齊論」、「處世」等效益值得我們正視。

3、莊學神祕修行之語調

再者〈天下〉篇論莊學，內文充塞著對莊子語調的評論，其中包括「謬悠之說，荒唐之言，無端崖之辭」以至「卮言」、「重言」、「寓言」等，甚至「其書瑰瑋」、「其辭參差」、「其理不竭」等句，也多少提及莊子的文辭與理論。也就是說〈天下〉篇作者在反思莊子學說之同時，不忘著眼於他的語調，以至莊子學說之語調也成了探討其神祕主義的一個值得正視的項目。

4、莊學神祕體證之美境

談論莊子對美的體證，若我們從全段的形式結構上看，〈天下〉篇作者是把莊子所體證的美的境界，放在其形式架構中的最中心位置來讓我們察識，其用意看來蘊含特殊的目標，至少〈天下〉篇作者企圖意謂莊子文章之磅礡與優美，另一方面又渴願向讀者指出人對道的體證蘊含對美的體證。

我們依據〈天下〉篇對莊學修行所指示的四個綱領，不難看出其中所能演繹的八個反思議題。

（三）八個反思議題

在上述的四大綱領中，以第一、二個綱領作為較首要的綱領。在第一綱領莊學修行之歷程上，我們須因應「歷程」的前提而標榜其中的「起」、「訖」與「途徑」三者，以致我們可因而被指引去反思下列三議題如下：

1、莊學修行之終點／以冥合道體作宗旨——「上與造物者遊」

凡修行必有一最終目的，而「上與造物者遊」一語至少給我們提示出莊子以「造物者」作為其嚮往的宗向，並以個人與造物者「遊」作為所欲達致

的理想目標。

2、莊學修行之起點／以能轉化之心識作根據──「獨與天地精神往來」

至於人憑藉什麼依據來達致「與造物者遊」，這一問題看來可從「獨與天地精神往來」一語中獲得回應。「獨與天地精神往來」尤以「獨」與「精神」二辭深具啓發性，即人如果可以「與天地精神往來」，那就會是修行者以其「精神意識」來跟「天地精神」契合。再者，「獨」一字相應〈大宗師〉語：「朝徹而後能見獨」之「見獨」一辭，而「見獨」即「見道」，也就是說人的精神可藉意識的轉變而達致「見道」。換言之，人以其能轉變意識的「精神體」作依據，而得以從世人一般的普通意識而轉變至見道的超越意識，也就是說，人以其具有「見道」潛能的精神意識作出發點，〔註60〕而有能力經過修練而達到冥合的目標。

3、莊學修行之途徑／從調整心弦到達本返始──「稠適而上遂」

修行者既以自己那能「見獨」的「精神心識」作出發是來企圖臻至「與天地精神往來」，那麼他所須經歷的路程會如何？他須經過什麼過站來達致目的？其修行的方法又是如何？看來「調適而上遂」一語隱晦著一條修行的途徑。分解地言，「調」、「適」、「上」、「遂」四字，爲我們投射出「調整心弦」、「適應目標」、「往上超越」、「遂本返始」四個步驟，類比著天主教神祕靈修的「煉路」、「明路」、「合路」，也相似著佛家唯識宗所標榜的「資糧位」、「加行位」、「見道位」、「修道位」、「究竟位」。〔註61〕

繼而，在第二綱領莊學神祕修行之效用上，我們又可按照「效用」一辭而面對其中的核心語「下與外死生無終始者爲友」、「不敖倪於萬物，不譴是非」、「與世俗處」，並且因而演繹出另外一組議題如下：

4、莊學修行所導致的超生死、入永恆──「下與外死生無終始者為友」

神祕主義者在見道、得道中所獲致的效用，不但可以化解對所知境物與能知心識之一般感官經驗的執著，甚至可以因「外生死」化解對個人肉體生命之執著，而「無終始」也意寓著在永恆中時間的消失，得道者在見道中處於「超越時間」的意識狀態，所以「無終始」既是見道的情狀，同時也是見

〔註60〕 史泰司說：「幾乎所有的人在某種意義下，都是初階的冥契者，或是尚來發展的冥契者。」所以，人皆具有悟道的潛能。見史泰司（W. T. Stace）著，楊儒賓譯，《冥契主義與哲學》，（台北：正中，1998），頁11。

〔註61〕 聖嚴法師，《探索識界──八識規矩頌講記》，（台北：法鼓文化，2001），頁72。

道後的效用，而得道者日後常可藉著「見道」而一再入於「永恆」的狀態。

5、莊學修行所導致的平齊物議——「不敖倪於萬物，不譴是非」

「不敖倪於萬物，不譴是非」連貫到〈齊物論〉以南郭子綦的見道為引言，說明人在見道後，消極面上消除言論爭議，積極面上體會到萬物齊一。所以人在見道中，把握「齊物」與「齊論」即平齊物議，於世俗上，即不敖倪於萬物，也不譴是非，真正達到超出相對，融入絕對的見道之知。

6、莊學修行所導致的人際社交——「與世俗處」

神祕冥合的效用，不單廣泛地蘊含「不敖倪於萬物」所指向的「齊物」，與「不譴是非」所指向的「齊論」而己，「齊物」、「齊論」之效用甚至可擴延及人事，而為「與世俗處」，所以從「獨與天地精神往來」到「與世俗處」，是以「齊物」、「齊論」作為轉折，也就是說莊子學理之「與世俗處」，有著神祕主義的效用。

看來要深入討論莊學之神祕主義向度，這六個議題是為不可或缺的議題，我們不能忽略它們而不損及莊子學理的整體性，但並不意謂第三、四綱領不重要，只不過第三、四綱領在比重上較牽涉莊子的文學向度，況且義理修行本身不離其文學上的表達，兩者是為同一「完型」的一體兩面，為此，我們可按「語調」與「美境」兩綱領而演繹以下的反思議題：

7、得道者語調型態——「得道語、間奏語、勸化語」

得道者語調分為三種型態：

（1）得道語——以謬悠之說，荒唐之言，無端崖之辭，時恣縱而不儻，不以觭見之也。

「謬悠」、「荒唐」、「無端崖」等辭意指一博大精深的意境，看來與下文（所表達的本宗）的「其於本也，弘大而辟，深閎而肆」相應，如果下文所指的「本」為「道體」的話，則上文之「謬悠」等辭所指的義蘊應是得道者因體道而在話語中表現出其博大精深的一面。另外得道語也是神祕主義的語言，常以象徵、敘事或圖像（例如光）來呈現。

（2）間奏語——以天下為沈濁，不可與莊語。

「以天下為沈濁，不可與莊語」一語暗示一份間奏語，間於得道語和勸化語中間，一方面我們有得道者彼此印心之語，另一方面我們

又有得道者勸化原本無心向道的老百姓之語，但尚有一部份人士一方面尚未得道而卻也有心向道的初學者（類比佛家所謂處資糧位之居士）他們可以接受「莊語」（類比神學之信理神學或釋經學之語，或類比佛家之經、律、論），為此「莊語」意謂莊正嚴肅之語，有別於一般勸化世人之用語。

（3）勸化語──以巵言為曼衍，以重言為眞，以寓言為廣。

莊子以「巵言」、「重言」、「寓言」來勸化一般世俗人，多半是象徵語，但為道家型人物而言，道家在勸化中較不採用莊正的言論，而較側重變化不定之「巵言」，或引用權威人物之「重言」，或用故事說理方式的「寓言」。

8、得道者冥合於道中所體證的美──「彼其充實不可以已」

得道者冥合於道中所體證的美，可藉原文的一些特殊用語而表現出來：

（1）莊子著作所分別表現的「壯美」與「優美」

「其書雖瓌瑋，而連犿無傷也」從中我們看出莊子所分別想表現的兩點：

甲、「其書雖瓌瑋」──「瓌瑋」一辭意指「豪放之美」，亦即「壯美」。

乙、「而連犿無傷也」──「連犿」一辭意指「婉約之美」，亦即「優美」。

（2）莊子文辭所分別表現的「參差」與「滑稽」

「其辭雖參差，而諔詭可觀」意謂其辭雖虛實不一、變化多端，但卻是滑稽奇異可觀，而從中我們也推論出莊子所透顯的兩點：

甲、「其辭雖參差」──「參差」一辭寓意著張力與情緒波動或糾纏，看來凸顯著人生的悲劇面。

乙、「而諔詭可觀」──「諔詭」〔註 62〕一辭提示出莊子文辭上的滑稽嬉笑面，象徵著人生的喜劇面。

《莊子》一書蘊含悲劇面向，我們首先可以從莊子妻死，莊子敲著瓦盆唱歌的行為看出莊子表面歡樂，內心有著對親情悲傷的一面。再者，惠施死，莊子悲嘆此後少了個對手，此為對友誼哀傷的一面。另外，「知其不可奈何而安之若命」（〈人間世〉）、「安時而處順，哀樂不能入也」（〈養生主〉），都是先

〔註 62〕 成玄英《疏》云：「諔詭，猶滑稽也。雖寓言託事，時代參差，而諔詭滑稽，甚可觀閱也。」歸結為：他的言辭雖然變化多端，但卻是滑稽可觀。看來「參差」似隱括著悲劇面，而「諔詭」則蘊含著喜劇面。

有「哀」與「樂」作前提，始可講「不能入」。而郭象《注》曰：「不唯應當時之務故參差。」亦即不適時務，與順境逆，可引致悲劇的誕生。「參差」意謂「不齊」、「長短不一」、「雜亂」，一方面可隱喻與外在事功糾纏之苦況；另一方面可隱喻內心之纏擾。《詩經‧關雎》〔註63〕曰：「參差荇菜，左右流之」，其「參差」也是「笙」、「洞簫」之別稱，暗寓絲竹樂器奏樂所引出之詠歎，所以「參差」至少不與「悲哀」義相左。

〈天下〉篇論莊子多用對此，「參差」與「諔詭」應是一對比，可解釋作「悲」與「喜」、「哀」與「樂」之對比，有時悲、喜劇亦會混合在一起而糾纏不清，例如《阿 Q 正傳》〔註64〕正是二者對比、混合，希臘文化戲劇中之悲劇也早於喜劇，似乎是有了悲劇始想及企圖幽自己一默，如同是生活不美滿，才有苦中作樂一般。所以「參差」與「諔詭」之對比也遙契希臘戲劇之「悲劇」與「喜劇」的先後呈現。

（3）莊子從神祕體道中所證得的藝術精神與美的境界

「彼其充實，不可以已」，「充實」等於是豐盈中完整和諧，完美無缺，體積適當均勻，且透顯了欲達成其應有的理想典型，並也暗示著莊子從神祕經驗中所證得的藝術精神與美的境界。「不可以已」是無止境，亦是大。而「彼其充實不可以已」一句剛好相應著《孟子‧盡心》所云之「充實之謂美，充實而有光輝之謂大」。

「充實之謂美，充實而有光輝之謂大」此句常用來衡量中國詩的審美標準〔註65〕，「大」（Sublime）是磅礴、浩瀚。布爾柯（Edmund Burke）在《豪壯與優美》（*The Sublime and the Beautiful*）〔註66〕一書中談「美」時，將「美」分為「豪壯」（the Sublime）（例如貝多芬的音樂）、與「優美」（the Beautiful）（例如蕭邦的音樂）。中國的古典詩詞也分「豪放派」，例如李太白的詩；與「婉約派」，例如李商隱的詩。而莊子文章卻兼備了「壯美」與「優美」，像是大鵬鳥的「壯美」與安之若命的「優美」。而康德的審美判斷，是將「美」、「真」、「善」三種價值對應人類心靈中「情」、「知」、「意」三種功能，人在

〔註63〕滕志賢注譯，葉國良校閱，《新譯詩經讀本》，（台北：三民，2000），頁 2～5。
〔註64〕參閱魯迅，《阿 Q 正傳》，（台北：谷風，1987），全文。
〔註65〕毛峰，《神祕詩學》，（台北：揚智，1997），頁 50。
〔註66〕Edmund Burke, *The Sublime and the Beautiful,* eBooks@Adelaide,2007
（http://ebooks.adelaide.edu.au/b/burke/edmund/sublime/2007. 4. 13 刊載）
2008.5.14 摘錄。

審美狀態中，暫時脫離放下「知」、「意」的功能，以致於形成美感心境，有種「自由的愉快」，〔註67〕所以「美」相應於莊子是種自由心境之美。能至於「充實」一辭，我們借用聖多瑪斯‧亞奎納（St. Thomas Aquinas, 1225～1274）談型器之美〔註68〕的說法，多瑪斯謂存有者之所以可被欣賞，乃是因爲它「充實」，而此層面的美分爲：（1）完整或完美（Integrity or Perfection）、（2）和諧或對稱（due proportion）、（3）光輝（brilliance）三要素，其中光輝含括了色澤之美與形式之美〔註69〕，而形式是表現創作者或藝術家之理想與創作力，也因此形式之美是自然物或藝術品中之理想與價值。

　　由此我們推論出神祕經驗是可以帶動藝術成就的，因爲人是「透過探原天地間大自然的美，而能通達那內在於萬物裡的道、理，達物我合一的妙境。」〔註70〕像聖十字若望（St John of the Cross，1542～1591）即爲西班牙的第一詩人；而藝術美感同樣也帶動神祕嚮往，李澤厚便曾說：「莊子哲學並不以宗教經驗爲依歸，而毋寧以某種審美態度爲指向。就實質說，莊子哲學即美學。他要求對整體人生採取審美觀照態度：不計利害、是非、功過，忘乎物我、主客、人己，從而讓自我與整個宇宙合爲一體。」〔註71〕所以莊子的美學植根在生命的實踐，是自生命體驗以言「美」，是種生命美學，其所根據的不但是主體「虛無」的工夫實踐〔註72〕，也是在體道中所呈現出的人格形相美，

〔註67〕 康德在《判斷力批判》說：「快適是使人快樂的；美，不過是使他滿意；善，就是被他珍貴的、讚許的，這就是說，他在它裡面肯定一種客觀價值。……在這三種愉快裡，只有對於美的欣賞的愉快是唯一無利害關係和自由的愉快。」又說：「心靈的一切機能或能力可以歸結爲下列三種，……這三種就是：認識機能，愉快及不愉快的情感和欲求的機能。」康德著，宗白華譯，《判斷力批判‧上卷》，（北京：商務，1964），頁 46、15～16。

〔註68〕 "Things that have a bright color are said to be beautiful."See Thomas Aquinas, *Summa Theologiae*, Ia, Q39, a.8, II-II, Q145, a.2, II-II, Q.180, aa.2～3（Madrid：Editorial Catolica, 3rd ed, 1961），參閱周克勤等譯，《神學大全》，（台南：中華道明會／碧岳學社，2008），第一冊，頁 541～572、第十一冊，頁 195～203、第十二冊，頁 104～126。

〔註69〕 Thomas Aquinas, *Exposition of Dionysius on Divine Names*, ch4, lect.5～6, "All the substantial essences of being are caused out of the beautiful. For every essence is either a simple form or gets its perfection through form. Now, form is a certain irradiation coming forth from the first brilliance. Of cause, brilliance belongs to the rational character of beauty, as we have said."

〔註70〕 莊慶信，《中西環境哲學──一個整合的進路》，（台北：五南，2002），頁 46。

〔註71〕 李澤厚，《中國古代思想史論》，（台北：風雲，1990），頁 221。

〔註72〕 孫中峰，《莊學之美學義蘊新詮》，（台北：文津，2005），頁 45～130。

也因此能徐復觀也說：「莊子所謂至人、眞人、神人，可以說是能遊的人，實即藝術精神呈現了出來的人，亦即是藝術化了的人。」〔註73〕無論是自我與整個宇宙合一或藝術化了的人，其實皆是人在體道中證得之「美」，而反過來說，則成爲「美」之人。

　　以上文的脈絡作基礎，我們可作以下的綜合說法。從〈天下〉篇論莊子的部分透顯出《莊子》的神祕主義隱含著：一、多重對比。二、四個綱領。三、八個論題，內分爲1、神祕修行的起點，即主體結構；歷程，即實踐的途徑、步驟、過程；終點，即目標。2、神祕修行的效用：平齊物議、外死生無終始、與世俗處。3、神祕語調。4、藝術精神。四、一個宗旨：莊子學理等於是一套「與造物者遊」的神祕主義。

　　因應著上述的反思，我們覺得有需要站在神祕主義向度來研究莊子學說，而這一套「與造物者遊」的神祕主義也是一直讓我們深感興而引起研究的動機，於是想藉此論文一探莊子學理中的究竟。然而，在研究莊學是否爲神祕主義以前，我們仍須面對一些有待釐清的問題。

四、質疑的釐清

　　在按〈天下〉篇指引來研究莊子神祕主義面向以前，看來我們須首先釐清一些能有的質疑，我們所需面對的質疑是：

　　　（一）〈天下〉篇論莊子是否脗合莊子原意？

　　　　　1、〈天下〉篇是否出自莊子手筆？

　　　　　2、〈天下〉篇是否脗合莊子原意？

　　　（二）什麼是莊子原意？

　　　　　1、內七篇是否屬莊子原意？

　　　　　2、外雜篇有多少篇與內七篇相應？

　　　（三）若承認〈天下〉篇相應莊子內七篇原意，且含神祕主義向度，則我們須如何作探討？

　　上述眾問題彼此糾纏在一起，作爲上述質疑的一個初步回應，我們欲在此提出以下的一些見解。

　　本文以郭慶藩的《莊子集釋》版本作爲主要依據的版本，其中包含內篇

〔註73〕徐復觀，《中國藝術精神》，（台北：學生，1966），頁63～64。

七篇、外篇十五篇、雜篇十一篇，收錄了郭象《莊子注》、成玄英《莊子疏》和陸德明《莊子音義》三書全文，這三十三篇當中，目前學界較多認爲內七篇爲莊子本人的作品，而外、雜篇爲莊子弟子以及相關學派的合集，唐君毅在《中國哲學原論》原道篇貳即說：「內篇之每篇，其文大皆自分體段，合之則可見一整個之思想面目，當是一人所著。外雜篇則內容甚複雜，可謂其後之道家言之一結集。」〔註74〕另有其他學者認爲三十三篇中除少數幾篇外，其他皆來自莊子，徐復觀在《中國人性論史》先秦篇即提及內七篇出自莊子本人之手，外、雜篇有出於莊子之手，有出於其學徒，「若以內七篇內容爲基準，……除了〈盜跖〉、〈漁父〉、〈讓王〉、〈說劍〉四篇外，……其餘都是屬於莊學系統。」〔註75〕所以，《莊子》是否出自莊子？若有則有多少篇屬於莊子原作？這都難以考據，本文的立場不問《莊子》一書是否爲莊子所作，而是以內七篇爲一貫系統，再以外雜篇中脗合、補充內七篇意涵之篇章爲輔。因爲就內七篇之內涵而言，皆已提出莊子學說重要問題及命題；就概念、範疇之使用以及命題形式而言，外雜篇可視爲內篇之進一步發展或傳注。〔註76〕

至於〈天下〉篇是否爲莊子自作？亦有兩派的看法，王昌祉在《諸子的我見》中認爲並非是莊子所作的原因：一是〈天下〉篇談道術乃是談儒家內聖外王之道；二是《荀子·解蔽》篇與〈天下〉篇在思想、文辭，甚至文中所討論人物彼此相仿，所以〈天下〉篇應是荀子思想之推演；三是〈天下〉篇作者胸襟寬大、判斷正確，猶勝荀子，因此可能是荀子的一位青出於藍的弟子所作。〔註77〕

嚴靈峰在《老莊研究》舉出贊成與反對的眾多看法後，依其個人考證認爲〈天下〉篇是莊子自作的成份不高，是因其筆調不盡脗合內篇，而且既評莊子本人之優劣，則應是後人之作；再則評論各家的手法近似荀子，若非荀子自作，也應係其門人所作。不過在文中，嚴靈峰也整理了贊同〈天下〉篇是莊子自作的學者有郭象、王夫之、梁啓超、羅根澤等人，理由可歸納爲四點：一是古人著書，敘錄皆在全書之末，例如淮南子要略、太史公自序、漢書敘傳等皆如此。二是文筆雄奮奇幻，環曲萬端，有外雜篇所不能及之處，

〔註74〕唐君毅，《中國哲學原論》原道篇貳，（香港：新亞，1973），頁342。
〔註75〕徐復觀，《中國人性論史》先秦篇，（台北：台灣商務，2007），頁361。
〔註76〕劉笑敢，《莊子哲學及其演變》，2版（北京：中國社會科學出版社，1993），頁3～52。
〔註77〕王昌祉，《諸子的我見》，頁29～36。

莊子除外，安得復有此驚天破石之才。三是浩博貫綜，而微言深至；若不是莊子自著，很難找出另一人如此精通一個時代的學術及有如此的大手筆。四是〈天下〉篇中對莊子自己沒有負面的評語，但對其他家卻都有負面評語。〔註78〕所以綜觀以上四點〈天下〉篇應是莊子自作。

我們較有傾向認為「即使〈天下〉篇非出自莊子本人，文中對各家的評論都顯得十分客觀中肯，很能一針見血地指出每一家學說的優劣（包括莊子自己的理論）；況且，其對莊子思想所討論的內容，都可以在《莊子》內篇中找到根據。為此，不少學者都認為〈天下〉篇作者已準確地把握了莊子學說的核心，即使部份言辭不全脗合內七篇的行文，也不影響其對莊子精神的充分掌握。」〔註79〕更何況〈天下〉篇是一個時代思想學術的總結，表達了莊子自己與他家學說的重點，所以讓我們以〈天下〉篇為響導，展開《莊子》的神祕主義之旅。

〔註78〕嚴靈峰，《老莊研究》，（台北：中華，1966），頁 169～207。
〔註79〕關永中，〈上與造物者遊〉，頁 139。

第一章 上與造物者遊──從《莊子》學理看其神祕主義及型態

在追求與「絕對境界」合一時，有些神祕家會經過修煉途徑而達致根本的體悟親證，西方的經典可從聖十字若望（St. Jonh of the Cross）與大德蘭（St. Teresa of Avila，1515～1582）的著作中，清楚地談及親身的神祕經驗和與終極目標冥合而達致的境界，雖然我們從《莊子》中，也看到了修道以達本返始的途徑，然而對於神祕經驗和與終極目標冥合是我們想從《莊子》學理所試圖想釐清的。所以本章先對「神祕主義」（mysticism）有所界定後，再論及〈天下〉篇中，「上與造物者遊」之「遊」與「造物者」二者與神祕主義之關連，以清楚《莊子》神祕主義的向度。

第一節 神祕主義

「凡有人煙之處，便有宗教實踐；而宗教實踐的頂峰，就是神祕主義。」﹝註1﹞換言之，人自我實現的圓滿即是神秘主義。人常企圖想掌握住神祕主義的義蘊，然而神祕主義卻是個奧祕，它迴避人的掌握，﹝註2﹞雖然如此，但我們仍需在莊子所說的「不得已」﹝註3﹞而爲之的狀況下，試圖爲神祕主義界定，並描述其特徵與型態，才能進一步來看《莊子》的學理是否含有神祕主義的向度。

﹝註1﹞ 關永中，〈神祕主義及其四大型態〉，《當代》，第 36 期（1989 年 4 月），頁 41 ～47。

﹝註2﹞ Jame R Horne., Beyond Mysticism.（Ontario: Wilfrid Laurier University Press, 1978），p.1, "Mysticism can elude a person as he tries to pin it down."

﹝註3﹞ 〈大宗師〉言：「以知爲時者，不得已於事也」，〈庚桑楚〉說：「有爲也，欲當則緣於不得已。」皆是不得已而爲之。

一、「神祕主義」（mysticism）的界定

「神祕主義」（mysticism）和「奧祕」（mystery）二字來自於希臘文之「神祕儀式」（mysterion）。myst（es）這名詞意指「神祕家」或「領受入門者」，erion 一詞則意謂藉入門禮儀而被引進一奧祕以與之冥合，意指古希臘一種神祕的宗教儀式，此種儀式的具體內容只有那些被允許入會參與儀式的人才能知道。〔註4〕myst 之動詞 myo、myein 含有隱閉、閉目，即是緘默不言或緊閉雙唇，所以對外必須守口如瓶，謝絕外道的窺探。因此，mysticism 一般譯作「神祕主義」，有些學者取其義理及音義，翻譯為「密契主義」〔註5〕或「冥契主義」〔註6〕，然而「神祕主義」一辭的譯名是較被廣為使用。

「『神祕主義』其中之『神』與『祕』兩字皆從『示』，字源上皆與祭儀中的宗教體驗相關，而『申』是聲符也是意符，原意是『电』（今『電』），有上天垂象伸顯之意；而『必』雖是聲符，與『示』的義符結合後，卻帶有閉合的意味。因此『神祕』二字乃可有開顯與翕合的雙重意味，用以傳達神祕家對終極實在之體驗的『肯定性』與『否定性』兩面，實是恰當。」〔註7〕只是「神祕」一辭常被所謂神祕的宗教、教派所混淆而帶有負面的意涵，但就其意義而言，神祕主義最核心的意義在於「人與絕對本體『冥合』（union），在『冥合』中，或出神地跳出小我而投奔大我，或『內凝』地返回自我深處，以與其絕對淵源相遇，也在『冥合』的路途上『煉淨』自己，以相稱於『道』」。〔註8〕所以，本文將 mysticism 界定為「神祕主義」一辭使用，雖然「『密契主義』一語所指涉的對象群，彼此間的差異其實相不亞於其相同之處，它的實義所在既不是一套既定的思想體系，更不是一種「主義」，而無寧是近於一領域的概念」〔註9〕，此概念是神祕學家、哲學家的思想基礎，本文即是將近於

〔註 4〕 關永中，〈超越的切慕、洞察與歸化——兼論聖十字若望對郎尼根體系能有的補充與啓發〉，《哲學與文化》，33 卷 11 期（台北：輔大，2006），頁 32。

〔註 5〕 參閱杜普瑞（Louis Dupré）著，傅佩榮譯，《人的宗教向度／The Other Dimension》（台北：幼獅，1986），頁 473。

〔註 6〕 參閱史泰司（Walter Terence Stace）著，楊儒賓譯，《冥契主義與哲學／Mysticism and Philosophy》，譯序，頁 10～11。

〔註 7〕 林九絡，《王門心學的神祕主義向度——自我探索與道德實踐的二重奏》，（台大哲學所博士論文，2006 年 6 月），頁 18。

〔註 8〕 關永中，〈默觀在神祕修行前提下所蘊含的煉淨與結合——聖十字若望的提示〉，《輔仁宗教研究》，17 期（2008 年夏），頁 113。

〔註 9〕 林九絡，《王門心學的神祕主義向度》，頁 17。

此一神祕主義領域的概念以神祕主義的「向度」稱之，而於此向度下來探討莊子的思想。

二、神祕經驗的特徵

歷來對神祕主義的特徵描述極多，夏夫斯坦（Ben-Ami Scharfstein）就列舉了二十多項的一個量表來形容〔註10〕，印基（W.R.Inge）也曾例舉過三十幾種〔註11〕，因此隨著對宗教的研究，神祕主義的特徵也隨之進展愈多。以威廉・詹姆士（William James）而言，就認爲個人的宗教經驗是以「意識的密契狀態」（mystical state of consciousness）爲其根基與中心，並列出了四個神祕經驗特徵〔註12〕：不可言說（ineffability）、知悟性（noetic quality）、頃現性（transiency）和被動性（passivity）。這個界定神祕經驗的工作的確爲後來研究神祕經驗的學者提出了經典性的里程碑意義。尤其前兩個特徵「不可言說」和「知悟性」的性質是較被廣爲肯定的，像在《道德經》裡，也有「道可道，非常道。」、「得母而知子」、「執古之道以御今之有」相類似性質的描述。但除了前兩個特徵較爲後繼研究者所接受外，「頃現性」和「被動性」是較具爭議的，因爲很多東方的修煉傳統，像瑜珈〔註13〕或密宗的修煉，不但可主動地進入神祕的狀態，甚至保持入神的狀態可長達數天、數月之久。因此，對於頃現性的「極限是半小時，最多一兩小時⋯⋯」或是只被動性地被「更高的力量握住⋯⋯」云云，這就較不足爲特徵。

另一位神祕主義的研究者史泰司（S. W. Stace）的《密契主義與哲學》所採取的研究進路是以「自然主義原則」（naturalistic principle）與「起因無關原則」（principle of causal indifference）爲預設〔註14〕。史泰司對神祕主義與神祕體驗二者並未加以區分，研究對象是從基督宗教、伊斯蘭教等一神論神祕

〔註10〕夏夫斯坦（Ben-Ami Scharfstein）著，徐進夫譯，《神祕經驗》，（台北：天華，1982），頁 263～8。

〔註11〕W. R. Inge, *Mysticism in Religion*,（London: Rider & Company,1969）, p.31.

〔註12〕William James, *Varieties of Religious Experience-A Study in Human Nature*,（N.Y.:Modern,1929）pp.370～420.此書之中譯本有：蔡怡佳、劉宏信譯，《宗教經驗之種種》，（台北：立緒，2003），頁 455～519。

〔註13〕Mircea Eliade, *Le yoga:immortalité et liberté*,（Paris:Saint-Germain,1954）,p68～75。中譯文依據武錫申譯，《不死與自由──瑜伽實踐的西方闡釋》，（北京：中國致公，2001），頁 63～71。

〔註14〕W. T. Stace,《冥契主義與哲學》，頁 14～26。

主義者所遺留下來的文獻，和奧義書（Upanisads）、吠檀多（Vedānta）哲學，乃至於現代人所服用藥物而獲體驗之證言，以有無攪和感官意象，區分為外向式與內向式的神祕體驗，進而界定神祕經驗外、內向的核心特徵。

外向型神祕經驗的共同特徵〔註15〕有七個：

1. 所見為統一的視域，萬物為一。
2. 一活潑的朗現，遍佈萬物之中，有內在的主體性。
3. 真實或客觀之感。
4. 感到幸福愉悅，自在滿足。
5. 神聖、聖潔之感。
6. 悖論、矛盾性。
7. 神祕家宣稱不可言說。

內向型神祕經驗的共同特徵〔註16〕亦有七個：

1. 意識到一體之感。
2. 無時間性，無空間性。
3. 客觀、真實之感。
4. 法樂、愉悅、幸福等。
5. 神聖莊嚴之感。
6. 悖論、矛盾性。
7. 神祕家宣稱不可說。

外向型與內向型經驗從第三項至第七項特徵差別並不大；其中第三、四項是神祕主義者的感受，第六項主要在描繪密契體驗於語言中呈顯的矛盾性，第七項則是體驗過神祕經驗的宣稱，所以在文中史氏也將第三項至第七項整理成共同的特徵〔註17〕。外向型與內向型經驗的差別主要在第一、二項，史氏對內向型經驗的解釋是：

> 內向型的冥契經驗**裏**，無雜多，無分別。正因此際物與物之間無分別，所以主客之間亦無從分別。此際體驗所得如何可視為或被詮釋為「一」、為「梵我」、為「絕對」或為上帝，則體驗者之個體我必失去其個體性，不再有獨立之個體可言；它亦必失去其同一性，因它已溶

〔註15〕同上著作，頁90。
〔註16〕同上著作，頁131～2。
〔註17〕同上。

入「一」，……人是否可能直接體驗到個體消融於超越之物，而且他還可感知此超越之物將此個體吞食進去？答案是肯定的。〔註18〕

至於外向型經驗，史氏認為

就外向型而言，冥契者視此統一為普遍的「生命」，但喇嘛庫里斯那卻將它視為「意識」。內省的冥契意識則視此為梵我，為純粹自我，或為純粹意識。我們雖不欲多言，但就此點而言，外向型似乎又是內向型的一種未完成類型。意識或心靈是此生命高級的範疇，是生命階級之頂。外向型只看待世界是生生之流；內向型則了解此是宇宙意識或宇宙精神。〔註19〕

不只史氏詮釋神祕經驗有著宇宙意識或宇宙精神，就連羅素（Bertrand Russell，1872～1970）也曾如此說道：「神祕主義本質上是種強烈深沈的情感，它表現出一種對宇宙的態度。」〔註20〕然而史氏如此區分外向型與內向型的神祕經驗除了第1、2點特徵有較明顯的差別外，其他第3到7點大致相同，但無論是外向型與內向型的神祕經驗，史氏認為「一體之覺，不僅是所有冥契經驗共同的特徵，而且它還是最核心、最根本的特徵。」〔註21〕也就是說在神祕主義的所有特徵中，都以與更高本體「結合」為最首要的特徵，其他次要特徵則因應不同型態而異別與增減。於此，我們也在下一小節談神祕主義的多種型態。

三、神祕主義的型態

關於神祕主義的型態，西方學者齊那（R. C. Zaehner）在《密契主義：神聖與世俗》（*Mysticism: Sacred and Profane*）認為神祕主義的核心義在於合一，「以基督宗教的辭彙言之，神祕主義意謂著與神結合。在神教以外的場合言之，意謂與某原理或境界結合。它是一冥合的經驗：與某個體或一己以外的某事物合而為一。」〔註22〕並區分三種型態密契主義來印證：第一為自然論

〔註18〕同上著作，頁133。

〔註19〕同上著作，頁162。

〔註20〕Bertrand Russell, *Mysticism and Logic and Other Essays*,〔London: Longmans, Green & Co., Inc., 1954〕, p.11.

〔註21〕W. T. Stace，《冥契主義與哲學》，頁96。

〔註22〕"In Christian terminology mysticism means union with God; in non-teistical contexts it also means union with some principle or other. It is then a unitive experience with someone or something other than oneself." Zaehner, R. C.,

密契主義，凡體驗到自己與宇宙萬物合一者，是爲自然神祕家，而與萬物爲一體的經驗，是爲自然神祕經驗，這不是「泛神論」型態，而是「萬物爲一」型態。第二爲一元論密契主義，其特色在乎遠離自然現象世界，而與一超越的「絕對本體」合 。第三爲有神論密契主義，在乎投奔向一位有心靈位格至高之神，企圖與祂在愛之中達到圓滿的結合。有神論者所強調的「結合」（Union）有別於一元論者所強調的「合一」（Unity），一元論者在絕對境界合一之中消失了自我，而有神論者在密切結合至高之神當中仍然保留自己的個體性。〔註23〕但因齊氏把「有神論」看作爲最高境界的終點，而「自然論」與「一元論」皆爲過站，而招致如學者史大爾（Frits Staal）評之爲「獨斷主義者之典型」〔註24〕。其實在神祕經驗中，只有冥合對象的不同，而不應是冥合的對象會有程度高低的分別存在。

關永中在〈神祕主義及其四大型態〉〔註25〕所區分的四大型態是較爲貼切本文有關《莊子》神秘主義向度中的說明。首先是定義神祕主義即是與「絕對者」冥合的一門學問與修行；而神祕家就是達到與「絕對者」冥合的個體。然而因主體因素人的不同，相應於客體因素語言、文化、傳統等差別，所以才形成了眾多神祕主義的形式，而將之歸納可凸顯出四大型態：

1、自然論神祕主義：特色在於主張個體與大自然合爲一體，體悟到個人與宇宙萬物並沒有分界，如《莊子‧齊物論》所言「天地與我並生，萬物與我爲一」。自然論者大致上保有如下的持性（1）與自然溝通的特性，即心靈能與宇宙萬物共鳴，與自然契合。（2）自我的引退，即神祕家不再以自我爲存在的中心，而是跳出自我，投奔自然，甚至說我就是這個大自然。（3）返樸歸眞，即意識到自己好像返回孩提時的純眞，超出善惡對立的範疇。（4）深信不朽，即深信不疑靈魂不朽，既發覺自己與天地爲一，也與天地一般久長，對死亡不再震撼，因已在冥合萬物之中對精神不朽獲得了保證。

Mysticism: Sacred and Profane, an Inquiry into Some Varieties of Praeternatural Experience,（London: Oxford Un. Press,1978）, p.32

〔註23〕R. C. Zaehner, *Mysticism: Sacred and Profane, an Inquiry into Some Varieties of Praeternatural Experience*,（London: Oxford Un. Press,1978），參閱關永中著，〈「神祕主義：神聖與世俗」書評〉,《哲學雜認》，第3期（1993年1月），頁237～240。

〔註24〕Frits Staal, *Exploring Mysticism: A Methodological Essay*,（Berkeley: University of California Press,1975）,pp.67～9

〔註25〕關永中,〈神祕主義及其四大型態〉，頁41～47。

　　2、一元論神祕主義：其特點之一是認為在修行中體驗自己與「絕對境界」合一，就是個體與絕對本體基本上是一體，人透過修行而經驗到自己根源自無限本體而與之合一。特點之二是認為現象世界是虛幻，所以要靠自力修行以擺脫現象世界的束縛，佛家的「三法印」：「諸行無常、諸法無我、涅槃寂靜」即是最佳的說明。特點之三是強調自力修行，消極目標在於擺脫虛幻世界的束縛，積極目標在於致力與絕對境界合一。

　　3、有神論神祕主義：信仰一至高之神的存在，透過修煉的靈修歷程以與一至高之神結合，例如基督宗教的靈修歷程有煉道、明道、合道三階段的修煉。然而，有神論的人神結合，有如人好像玻璃一樣地充滿神的光，但在充滿的同時，仍留有人的個體性，不似一元論者是如一滴水消失連大海之中，把個體溶化在絕對境界中。

　　4、巫祝論神祕主義：有一通冥者存在、通冥者在肉體心靈上有其特徵、有一或多個神明與通冥者有密切聯繫、命中註定被揀選、接受特殊入門禮儀、在神魂超拔中通靈等特色，形成巫祝在其信仰範圍內所企圖冥合的個別神明的修行，現代台灣所盛行的民間宗教就有很多是屬於巫祝論神祕主義。

　　綜言之，自然論者最後心靈的歸向是這現象界的宇宙整體，一元論者最後心靈的目標則是超出這現象界的真如法界，有神論者所嚮往的歸向是與至高之神結合，巫祝論者則是與個別神明冥合。而《莊子》是否也契合著某種神祕主義的型態？王昌祉說：「莊子哲學本身是一種論述『上與造物者遊』的神祕主義」〔註26〕，我們先保留地等待下兩小節中一一釐清。

第二節　遊

　　在〈天下〉篇中，評論諸子百家，唯一使用「遊」字只在評述莊子時使用，「獨與天地精神往來，而不敖倪於萬物，不譴是非，以與世俗處。其書雖瓌瑋，而連犿無傷也。其辭雖參差，而諔詭可觀。彼其充實，不可以已，上與造物者『遊』，而下與外死生、無終始者為友。」再加上內篇之首篇篇目即是〈逍遙遊〉，可見「遊」之於《莊子》學理的重要性。除了「遊」之外，也需要注意「遊」的境界，之所以談及境界，是因為境界乃是主與客體，經由心物交應、情景交融，不斷地將實際存在的各種生命活動及狀況，予以意義化及超越化，以至於

〔註26〕王昌祉，《諸子之我見》，頁44。

終極的合一，〔註27〕而這種心靈的體證——逍遙而遊與達致的境界，有極密切的冥合關係，以致才有神祕經驗的朗現，所以本節要展示的是「遊」的意義，其次是貫穿整個《莊子》學理，「遊」所想表達的境界。

一、「遊」的意涵

郭慶藩言：「天下篇莊子自言其道術充實不可以已，上與造物者遊。首篇曰逍遙遊者，莊子用其無端崖之詞自喻也。」〔註28〕由此可見在〈逍遙遊〉篇中是最能詮釋「遊」的意境。《廣雅》釋詁云：「媱、愓、嬉、劮、遊、敖……戲也。媱愓嬉者，《方言》：媱愓，遊也。江沅之間謂戲爲媱或謂之愓或謂嬉，媱之言逍遙，愓之言放蕩。」〔註29〕由此我們明白「逍」、「遙」、「遊」三字義是相通且可互換，都是指嬉戲暢遊，自由自在而言。然而「遊」的意涵，貫通《莊子》全文，在其脈絡中，我們隱然可見其狹義與廣義之意。

（一）狹義而言是種自由的精神狀態

陸明德《釋文》注「遊」爲「閒放不拘，怡適自得」〔註30〕，亦即遊是一種生活狀況、一種心靈的狀態，也就是當心一無所縛的時候，生命就成爲一個比較自由的生命。〔註31〕因此我們稱爲遊者，即是說雖處身日常世界之中，卻保持不受其約束的自我之主體性。〔註32〕我們若能看破一切對待，便能從相互對立，對待關係中解脫過來，而爲無待與逍遙。無待與逍遙是同義語，同表示自由無礙的涵義。無待是負面的表示；逍遙是正面的表示，是表詮。逍遙是突破一切由對待關係而來的障蔽所達致的自由自在的精神境界，它的直接涵義是絕對與自由。〔註33〕所以「遊」即是「逍遙遊」，而「逍」，就是消解的意思，人如果能夠消解功名利祿，消解形軀官能的侷限束縛，然後我們世界才會大。「遙」就是高蹈遠引，我們的世界那麼小，是因爲我們有太多的執著，我們在自困自苦，把自己困在一個小的世界裡面，然後說生命

〔註27〕關於「境界」，參闖葉海煙，《莊子的生命哲學》，2版（台北：東大，2003），頁181～182。

〔註28〕郭慶藩輯，《莊子集釋（上）》，頁2。

〔註29〕張揖撰，王念孫疏証，王雲五主編，《廣雅疏証·卷三（上）》，（台灣：商務，1968），頁280～281。

〔註30〕郭慶藩輯，《莊子集釋（上）》，頁2。

〔註31〕王博，《無爲與逍遙——莊子的心靈世界》，（北京：華夏，2007），頁286。

〔註32〕福永光司，陳冠學譯，《莊子》，（台北：三民，1988），頁19。

〔註33〕吳汝鈞，《老莊哲學的現代析論》，（台北：文津，1998），頁111。

是失落的，生命是一種壓迫。在莊子來說，逍就是消解，消解官能、心知、情識，然後一個廣大無垠的世界就在我們面前開顯出來了，而後人們可遊。〔註34〕即如佛經無礙解脫，佛以斷盡煩惱爲解脫，莊子以超脫形骸、泯絕知巧，不以人一身功名爲累爲解脫。世俗之人不得如此逍遙者，只因爲被一個我字所拘礙，故凡有所作，只爲自己一身上求功求名。自古及今，舉世之人，無不被此苦了一生，何曾有一惡之快活哉！獨有大聖人，忘了己、忘了功、忘了名，故得無窮廣大自在逍遙。〔註35〕這即是「遊」狹義的意涵──自在的精神狀態，是「無功」、「無名」、「無己」的境界。

（二）廣義而言是與道合一

陸西星解釋「遊謂心與天遊也」〔註36〕，林希逸注「遊者，心有天遊也。」〔註37〕，近人王叔岷也主張此遊字以貫之，則可入於大通之境。〔註38〕無論是與天遊或是入於大通，其實都是「依道而遊的冥合融通之整體感，它便是『萬物與我爲一』的『一』，『道通爲一』的『通』，『出入六合，遊乎九州，獨來獨往，是謂獨有』、『澹然獨與神明居』的『獨』，它們不外乎都在表達身心與宇宙共在的一體、融通之冥契感。」〔註39〕而且眞人的逍遙就在消融自我的同時，融入天籟物化的道之流行，進入「天地與我並生，萬物與我爲一」的恍然之境。這樣的一體之境，既是美學意境，同時是神祕意境。而道家的逍遙意境，其哲學終是要歸結到這個神祕體驗來。〔註40〕換言之，《莊子》廣義的逍遙遊，不但進入神祕主義的與道合一，亦是一種形上美學，更是一種自然美學的神祕經驗。

二、「遊」的境界

「我們以〈天下〉篇『上與造物者遊』的『遊』字作指引，而進入〈逍遙遊〉篇的內文作探討，發現『遊』字的消極義在於『無功』、『無名』、『無

〔註34〕王邦雄，〈莊子哲學的生命精神〉，《鵝湖》，7 卷 7 期（1982 年 1 月），頁 16。
〔註35〕憨山，《莊子內篇憨山註》，（台北：新文豐，1993），頁 154。
〔註36〕陸西星，《莊子南華眞經副墨（上）》，（台北：自由，年代不詳），頁 45。
〔註37〕林希逸著，《南華眞經口義》，頁 3。
〔註38〕王叔岷，《莊學管闚》，（台北：藝文，1978），頁 179～222。
〔註39〕賴錫三，〈論道家的逍遙美學──與羅蘭‧巴特的「懶惰哲學」之對話〉，《台大文史哲學報》，第 96 期（2008 年 11 月），頁 27。
〔註40〕同上著作，頁 27～28。

己』等層層的超越昇進，其積極義則在於『乘天地之正，而御六氣之辯，以遊無窮』，即提昇至永恆絕對的境界，超出形器變化之外，以逍遙無待地與無限的道體往還，而達致與道冥合為一。」〔註41〕依循著〈逍遙遊〉篇，我們可見消極與積極的兩脈絡：一是至人無己，神人無功，聖人無名的意境；二是乘天地之正，而御六氣之辯，以遊無窮的絕對境界。

（一）「無功」、「無名」、「無己」之境

「遊」狹義而言是能夠突破一切相對的關係，心無所縛而處一個比較自由自在自適的精神狀態中，然而要常處於如是的狀態是需要去除枷鎖於身心的遮蔽物，〈逍遙遊〉說「至人無己，神人無功，聖人無名」，這雖是至人、神人、聖人絕對無待的境界，但從另一角度而言，亦是一般人容易受其束縛的枷鎖，因為一般人總是「有功」、「有名」、「有己」，而莊子所提示的是「無功」、「無名」、「無己」的境界。

1、「無功」的境界

〈逍遙遊〉說「知效一官，行比一鄉，德合一君，而徵一國者，其自視也亦若此矣。」在一般世俗的生活上，有些人只要才智可以勝任一種官職，行為被一鄉的人所效法時，這時他們就難免以此自視甚高，可是在莊子的大鵬鳥角度看，這猶如是蜩與學鳩的自以為「適」，所以想逍遙而遊首先要破除事功的枷鎖，精神上揚，不執於「功」。

2、「無名」的境界

繼「知效一官」後，莊子描繪出一位「無名」者宋榮子的形態，即「舉世而譽之而不加勸，舉世而非之而不加沮，定乎內外之分，辯乎榮辱之竟，斯已矣。」（〈逍遙遊〉）對於全天下人的讚美和批評，宋榮子的心中都不會多加鼓勵和沮喪。之所以如此，是因為他知道外在的聲名榮辱都是自己內心對外物的反應，劃分了內外的界線，知道榮辱聲名都是屬於外物，而內心無所欲求的話，外物即無門而入。所以宋榮子是「無名」的寫照，揚棄聲名，但莊子仍認為「斯已矣」，因為尚有一更高的境界「無己」需要超越。

3、「無己」的境界

「無己」是處在不執著、無分別的狀態。首先能超脫物我相對與破除人形軀官能的負累，亦即我不執物、物不執我；其次脫離形知、好惡等各種價

〔註41〕關永中，〈上與造物者遊〉，頁151。

值判斷，而接納萬物的價值都是平等無分別，進而入於逍遙無待的絕對精神。然而如是的境界需要修道以達本返始才能入此境，我們暫且將修道的途徑留待「調適而上遂」篇時，再詳加討論，目前只是了解當逍遙而「遊」進入到「無己」的狀態，是不執著、無待的精神境界。

逍遙而遊一方面須先破執去功、去名、以致能去己，超越而無己，處在自由自在自適的狀態，如同修行人為要進入神祕主義的境界，先消極地克制欲望、揚棄執著、滌淨身心，以便能積極地入於顯道面。

（二）「乘天地之正，而御六氣之辯，以遊無窮」之境

當具備了「無功」、「無名」、「無己」的理想狀態時，「遊」蘊含積極入道的另一脈絡是「乘天地之正，而御六氣之辯，以遊無窮」，這是絕對境域，提供了修道人入於無窮的境界。這個境界，我們分三部份解釋：

1、乘天地之正

此意前人有兩種解釋，一是指順應萬物自然之規律，如郭象《注》說：「天地者，萬物之總名也……故乘天地之正，即順萬物之性也。」成玄英《疏》云：「天地者，萬物之總名。萬物者，自然之別稱。」〔註42〕另一種解釋是與道同體，關鋒解釋為「乘『天地之道』以達『絕對』，以達『無所待』的境地，他要與『天地之道』并列、齊一，與『道』同體」〔註43〕。首先「正」，郭慶藩案：「辯與正對文，辯讀為變，《廣雅》：辯、變也」〔註44〕關永中認為「乘天地之正」這「正」字，正好與下句「御六氣之辯」這「辯」字作對比。「辯」乃變動之意，相對於「正」乃寂然不動、永恒常存、整全圓滿、完整無缺之意，如西方古典形上學之變動與存有之對比一般。如果「辯」寓意形器事物與變動，則「正」寓意圓滿本體與恒常之「道」。道，又名正道，正，乃道體之別稱。「正」作為名詞是道體，動詞是創生萬物的活力，所以「天地之正」是「天地之道」，指作為大自然的基礎之道體並蘊含生生之活力，既內在於大自然，又超越於大自然，為萬物之最後根源。因此，把「乘天地之正」解釋為「與道同體」較符合關鋒所說人只有在超越了對型器事物之執著而融入道體，始能達至「無所待」。〔註45〕不過，無論是指順應萬物自然之規律或指與

─────────────────

〔註42〕郭慶藩輯，《莊子集釋（下）》，頁20。
〔註43〕關峰，《莊子內篇譯解和批判》，（北京：中華，1961），頁86。
〔註44〕郭慶藩輯，《莊子集釋（下）》，頁21。
〔註45〕關永中，〈上與造物者遊〉，頁148～9。

道同體，二者皆有進入神祕主義的與道合一之意。

2、御六氣之辯

《左傳》云：「天有六氣，降生五味，發爲五色，徵爲五聲，淫生六疾。六氣曰陰、陽、風、雨、晦、明也，分爲四時，序爲五節，過則爲菑。陰淫寒疾，陽淫熱疾，風淫末疾，雨淫腹疾，晦淫惑疾，明淫心疾」、「民有好、惡、喜、怒、哀、樂，生於六氣」〔註 46〕。古之「六氣」既指自然氣象的各種現象變化，也指六種情緒和形軀病變。陸明德《釋文》云：「辯，變也。」王叔岷校曰：「亦即『內存眞我，外應變化』之意。此數語，乃莊周自得其無待之逍遙也。」〔註 47〕於此，我們可知「御六氣之辯」以人內在而言，六氣爲人身心的變化，倘若情緒失常，心理可能造成「陰陽之患」（〈人間世〉），身體可能引起「陰陽之氣有沴」（〈大宗師〉）的病變；而以人外內在而言，六氣爲充塞於宇宙間的大化流行，和諧運行則四時交替，萬物生化不已；更進一步而言，外在陰陽變化會影響人自身，二者是通而爲一，所以我們可以推論：六氣既內在於人內，又創生於外，人與萬物相通爲一，在六氣之中自得其無待之逍遙。

3、以遊無窮

「無窮」，關鋒解釋爲「無限……遊於『無窮』就是不受空間、時間的限制。」〔註 48〕而「遊」又是莊子特有的逍遙精神狀態，將這種逍遙精神狀態入於不受空間、時間的限制，即代表著人從外力的限制支配中解放出來，精神得以自在，心靈得以自由，而「上昇到與萬物相通的根源之地」〔註 49〕，所以「以遊無窮」並非遊於虛無，而是「上與造物者遊」，「遊心於萬物之初」（〈田子方〉），亦是〈應帝王〉篇所說「體盡無窮，而遊無朕」。

於此，我們明白，要能逍遙而遊，除了一方面遊於「無功」、「無名」、以致「無己」之境，另一方面是精神上揚，遊於「乘天地之正，而御六氣之辯，以遊無窮」與道冥合的絕對境界。入此境，無怪乎莊子最後說「彼且惡乎待哉」，因爲這個時候不再有任何的依待，早已超越世俗功名與物我相對的障礙，體道悟道而與造物者同遊，往還道體入於神祕經驗中。

〔註 46〕郭慶藩輯，《莊子集釋（下）》，頁 20～1。
〔註 47〕王叔岷，《莊子校詮（上）》，頁 21。
〔註 48〕關鋒，《莊子內篇譯解和批判》，頁 86。
〔註 49〕徐復觀，《中國人性論史》，頁 395。

第三節　造物者

〈天下〉篇論莊子的核心語：「上與造物者遊，而下與外死生、無終始者爲友。」其中「造物者」所指爲何？我們藉《莊子》原文中的提示一一探討：

一、「萬物與我爲一」指向自然論神祕主義向度

自然論神祕主義特色在於主張個體與大自然合爲一體，體悟到個人與宇宙萬物並沒有絕對分界，如同史泰司（W. T. Stace）所描述的此際物與物之間無分別，主客之間亦無從分別，人直接體驗到個體消融於宇宙萬物，即所見爲統一的視域，以萬物爲一，而且是爲整體之一活潑的朗現，遍佈萬物之中，也內在於主體中。這也是《莊子‧齊物論》所言「天地與我並生，萬物與我爲一」的神祕經驗。

楊儒賓也提到莊子與道冥合有一種型態是一般所說的「主體意義的物我合一」，是說不必經由心靈的轉化，人只要清明在躬，隨時即可物我合一。這種型態的心靈狀態，不受經驗內容的干擾，而可以直接導致經驗心靈無限的平面式擴大，心靈雖不受經驗內容束縛，但依然帶有時空的形式，將具有個體性、差異性的物我合爲一體，這並非是莊子「見獨」後的冥合型態，而是「主體意義的物我合一」的型態。〔註 50〕其實楊儒賓如是的觀點，貼切於物我合一的自然論神祕主義中與自然溝通的特性，即心靈能與宇宙萬物共鳴，與自然契合。

另外也有以唯物觀點詮釋「造物者」爲「自然」，即自然自己的氣化，造物者只是這氣化之宇宙天地整體本身的象徵說法而已，並非眞有所謂造物者，即使人有神祕經驗，也只是人出神地與物冥合而不見其跡而已。〔註 51〕郭象即言：「上知造物無物，下知有物之自造也」即是持「造物者」爲「自然」之說法。

「天地與我並生，萬物與我爲一」的神祕經驗，是莊子所追求的境界，但若如郭象所言只是「上知造物無物，下知有物之自造也」也窄化了莊子「造物者」的意涵，無怪乎王昌祉激烈地評論說：「如果丟掉了自己的精神，只在死文字，死觀念中，找尋莊子的思想，那麼即使像郭象般注釋了全部莊子書，仍舊摸不清頭緒。」〔註 52〕如果不能只認同郭象般的唯物觀點，我們尚有其他的解釋如下：

〔註 50〕楊儒賓，《先秦道家「道」的觀念的發展》，頁 55～66。
〔註 51〕關永中，〈上與造物者遊〉，《哲學論評》，頁 154。
〔註 52〕王昌祉，《諸子之我見》，頁 28。

二、「安排而去化，乃入於寥天一」指向一元論神祕主義向度

〈大宗師〉言：「安排而去化，乃入於寥天一」，當我們「安排去化」時，便不執著於現在的此身，更無所寄想變爲何物，如此即能以萬物爲「一」、大化爲「一」。所以此言指向在　元論神祕主義特色中，莊子「造物者」指向那既超越又內在的道體，如〈大宗師〉談及道的超越性爲「夫道，有情有信，無爲無形；可傳而不可受，可得而不可見；自本自根，未有天地，自古以固存；神鬼神帝，生天生地；在太極之先而不爲高，在六極之下而不爲深，先天地生而不爲久，長於上古而不爲老。」同時也指向道的內在性，在〈知北遊〉中如此描述：

> 東郭子問於莊子曰：「所謂道，惡乎在？」莊子曰：「無所不在。」東郭子口：「期而後可。」莊子曰：「在螻蟻。」曰：「何其下邪？」曰：「在稊稗。」曰：「何其愈下邪？」曰：「在瓦甓。」曰：「何其愈甚邪？」曰：「在屎溺。」東郭子不應。

即是自然萬物都有道體存在，而道也任是自然萬物，顯示道雖然超越萬物，但不超離萬物，更內在於萬物中。

三、「偉哉！夫造物者將以予爲此拘拘也」指向有神論神祕主義向度

有神論神祕主義特色在於信仰一至高之神的存在，透過修煉的歷程以與一至高之神結合，而莊子在〈大宗師〉中即有「偉哉！夫造物者將以予爲此拘拘也」來凸顯「造物者」或「造化者」這位至高無上的概念：

> 俄而子輿有病，子祀往問之。曰：「偉哉，夫造物者將以予爲此拘拘也。」曲僂發背，上有五管，頤隱於齊，肩高於頂，句贅指天。」陰陽之氣有沴，其心閒而無事，跰𨇷而鑑於井，曰：「嗟乎！夫造物者又將以予爲此拘拘也。」子祀曰：「女惡之乎？」曰：「亡，予何惡！浸假而化予之左臂以爲雞，予因以求時夜；浸假而化予之右臂以爲彈，予因以求鴞炙；浸假而化予之尻以爲輪，以神爲馬，予因以乘之，豈更駕哉！且夫得者，時也；失者，順也。安時而處順，哀樂不能入也，此古之所謂縣解也，而不能自解者，物有結之。且夫物不勝天久矣，吾又何惡焉！」俄而子來有病，喘喘然將死。……「偉哉造化！又將奚以汝爲，將奚以汝適？以汝爲鼠肝乎？以汝爲蟲臂乎？」……今大冶鑄金，金踴躍曰：「我且必爲鏌鋣！」大冶必以爲不祥之金。今一犯人之形而曰：「人耳！人耳！」夫造化者必以爲不祥之人。今一以天地爲大爐，

以造化爲大冶，惡乎往而不可哉！」成然寐，遽然覺。

首先，從原文中我們可以看出「造物者」將子輿的身體形軀、外觀容貌在病中加以變化，甚至把部分形軀再轉化成他種物類，這表示「造物者」是能掌控人的一切，又「夫物不勝天久矣」指人是無法抗拒；「造化者必以爲不祥之人」指「造化者」乃是有意志，由此可見「造物者」、「天」與「造化者」爲一位有位格性之形上實體。王昌祉認爲「如果用現代話語來說莊子的大宗師，便是我們理智活動的最高對象，我們道德生活的最高模範，我們全部精神生活的唯一基源；也便是西方古典哲學中的『絕對者』，現代哲學的『超越者』，亦即我國人所欽敬的『天』『上帝』，一切高級宗教所信仰的唯一眞神。……可是我們也不可幼稚地把『以神擬人』的見解，去臆測莊子的大宗師，或是把宗教的造物觀念，去強解莊子的『造物者』。」〔註53〕我們的確是不能把莊子的大宗師，或是把宗教的造物觀念套上「造物者」，而是針對原文的意涵去加以解釋，因爲除了「造物者」外，莊子仍會使用其他的稱呼來指涉這位最高本體，例如最常使用「天」或「帝鄉」（上帝的家鄉），〈天地〉篇中「天生萬民，必授之職……千歲厭世，去而上僊，乘彼白雲，至於帝鄉」，或是「眞宰」，〈齊物論〉說「日夜相代乎前，而莫知其所萌。已乎，已乎！且暮得此，其所由以生乎！非彼無我，非我無所取。是亦近矣，而不知其所爲使。若有眞宰，而特不得其眹。」甚至是「吾師」的名稱，〈大宗師〉即以其崇敬之意呼喊「吾師」：「吾師乎！吾師乎！韲萬物而不爲義，澤及萬世而不爲仁，長於上古而不爲老，覆載天地、刻雕眾形而不爲巧。此所遊已。」因此，從以上文句我們可以看出「造物者」或「造化者」所要凸出的這位至高無上的本體，而指向著有神論神祕主義向度。

四、「藐姑射之山有神人居」指向巫祝論神祕主義向度

〈逍遙遊〉中談得道者的情狀「藐姑射之山，有神人居焉，肌膚若冰雪，淖約若處子。不食五穀，吸風飮露。乘雲氣，御飛龍，而遊乎四海之外。」指向一個神仙世界。雖然這富有詩意的描繪被發展爲後來道教的「長生不死的神仙世界」，但因莊子當時所處的楚文化，有濃厚「巫」的盛行，所以文采中難脫離原始宗教的思維與歷史神話傳說的影響，〈應帝王〉中神巫季咸與壺子三次照會較勁，便可明白莊子所處時代有巫祝的文化存在。聞一多即說：

〔註53〕王昌祉，《諸子的我見》，頁 25〜26。

「《莊子》書裡實在充滿了神祕思想，這種思想很明顯的是一種古宗教的反影」〔註54〕張亨解釋：「楚地的巫風和神話傳說正是老莊學產生的溫床。……無論是老或莊的『道』，都由早期的神話意識轉變發展成的。『道』並不是純粹的、最高的『理』而已。……『東皇太一』是楚人自己固有的上帝。……楚國祭祀百神是長久以來的風俗。」〔註55〕而關永中也認爲巫祝（薩滿）論者之多神論，與有神論之一神論，在義理推演上並不必然彼此背反，因爲多神論者也會承認一位至高的神明，即單一神論（Monotheism），而一神論者在肯定一至高神明之同時，也不排斥在祂之下有其他較低的鬼神與靈體。如果莊子以楚巫之薩滿精神作溫床，而以「東皇太一」作藍本，引申出「造物者」之概念，從中演繹有關道體的哲理，這是個義理上的自然進展。莊子思想已經歷了哲理的引申與體驗的昇華，已超出了薩滿主義範疇，其文章並未刻意標榜薩滿主義，然而在字裡行間卻透露了楚巫精神與神話的痕跡。〔註56〕

五、四大類型的綜合

　　莊子「有神論」的神祕主義型態融合「自然論」型態，乃是因造物者——神，是可以同時既超越又內在的。祂內在於受造物而與萬物一起經歷變動，又內在於萬物之變動而跡隨物化。所以「自然論」並不與「有神論」說法衝突。另外莊子「有神論」型態也相融於「一元論」型態，是因有靈性位格之「造物者」可以不顯其位格面，而以「絕對境界」的方式來被人所體會。《莊子》內稱「造物者」爲「道」，「造物者」有靈性位格意含，「道」較凸顯絕對者爲一無限境域，即是兩種型態的相融。而莊子「有神論」型態亦不排斥「巫祝論」型態，乃因「有神論」承認有一至高無上之「造物者」，而「巫祝論」在多神崇拜中也不忘懷有一至上神。

　　綜合以上的分析我們看出莊子所指的絕對本體在神祕主義中隱然是四大類型的綜合，亦即莊子的道體基本上融合了有神論與一元論的內涵，而又不與自然論和巫祝論的說法起衝突。「莊子明顯地凸顯了有一造物之道體，只是他婉約地暗示了造物者的位格心靈面而不詳加闡釋其內涵而已，其對造物者的凸顯並不排斥其對氣化宇宙說的接納；再者，其境界型態又有巫祝之痕跡而又超越了

〔註54〕聞一多，《聞一多全集》，第一冊（上海：開明，1947），頁143～144。
〔註55〕張亨，〈莊子哲學與神話思想〉，頁140～144。
〔註56〕關永中，〈上與造物者遊〉，頁168。

巫祝的踐行……他在神祕主義的型態上至少可說是一個隱然的有神論者的型態，只不過這又與形上一元論之說相融合、而又圓融地接納了自然論和巫祝論的意境而引申一更大的整合而已。」〔註57〕我們可以看出《莊子》在各神祕主義型態中的向度，然而我們的目的，並非要把《莊子》限定或歸類是屬於何種型態，我們只是想藉這樣的型態分析去指涉出《莊子》豐富的神祕主義色彩，而這豐富的神祕主義色彩正如德國神祕主義詩人安·西勒修斯（Angelus Silesius）所寫：「玫瑰不為什麼而存在，它綻放只因它綻放。它不為自己操心，不問是否被看見。」〔註58〕《莊子》豐富的神祕主義色彩，也從不問是否被看見，這只是我們後人多事，想讓這朵玫瑰有更好的角度，讓眾人欣賞罷了。

結　語

除了我們從導論的部分看出《莊子》是一套「與造物者遊」的神祕主義外，此章我們也從「遊」這種心靈的體證——狹義而言是種自由的精神狀態、廣義而言是與道合一，而展示其遊所達致的境界——「無功」、「無名」、「無己」之境，與「乘天地之正，而御六氣之辯，以遊無窮」之境。「遊」與「境界」有極密切的冥合關係，「遊」入「境界」才有神祕經驗的朗現。

從神祕經驗中探討其特徵與型態，可以讓我們明白最後心靈的歸向，而莊子也從「萬物與我為一」指向自然論神祕主義向度，「安排而去化，乃入於寥天一」指向一元論神祕主義向度，「偉哉！夫造物者將以予為此拘拘也」指向有神論神祕主義向度，「藐姑射之山有神人居焉」指向巫祝論的終極精神方向。所以在神祕主義的型態上至少可說是一個隱然的有神論者的型態，但又與形上一元論之說相融合、而又圓融地接納了自然論和巫祝論的意境而形成一更大的整合。最後，神祕主義是否具有普遍的意義而能對現代人有所啓發？《莊子》裡強調的是人間世，在世俗中的應世逍遙之道，在莊子當時與現代都具有普遍的意義，這問題我們將留待談及「神祕修行在人際關係上的效用」時再探討，所以，由此章我們可知，從神祕主義向度來詮釋《莊子》實為極佳的切入點。

〔註57〕同上著作，頁171。
〔註58〕轉引自張天昱，〈從「思」之大道到「無」之境界——海德格與老子〉，《道家文化研究》，第四輯，（上海：上海古籍，1994），頁406。

第二章　獨與天地精神往來──與莊子懇談能導致見道的心靈結構

　　上一章「上與造物者遊」給我們提示出：凡修行必有一最終目的，莊子是以「造物者」作爲其嚮往的宗向，並以個人與造物者「遊」作爲所欲達致的理想目標。但人是憑藉什麼依據來達致「與造物者遊」？我們可以從此章「獨與天地精神往來」中獲得回應。「獨與天地精神往來」是修行者以其「精神意識」來跟「天地精神」契合而「見道」，也就是說人的精神可藉意識的轉變而達致「見道」。所以，此章首先談及「獨與天地精神往來」的意涵作出發點去看人有其「見道」潛能的精神意識，繼而再與莊子懇談能導致見道的心靈結構，看看那能引致「轉識成智」的心識依據。

第一節　「獨與天地精神往來」之意涵

　　「獨與天地精神往來」一辭，近代學者大多譯成「獨自與天地精神往來」〔註1〕然而「獨」、「天地精神」、「精神往來」三語卻含括寬廣的意涵，讓我們透過「獨」、「天地精神」、「精神往來」此三面向來了解莊子所想表想那導致神祕見道的知識論意涵。

一、「獨」的意涵

　　「獨」一語有多種的詮釋，首先：

〔註1〕王叔岷、黃錦鋐、陳鼓應等人皆作如是譯。

1、「獨」是無對待的絕對自由的精神境界

徐復觀就認爲《莊子》一書，最重視「獨」的觀念，本亦自《老子》而來。老子對道的形容是「獨立而不改」，「獨立」即是在一般因果系列之上，不與他物相對待，不受其他因素的影響的意思。不過老子所說的是客觀的道，而莊子則指的是人見道以後的精神境界。所以莊子之所謂「獨」，是無對待的絕對自由的精神境界，〔註2〕正如〈在宥〉所說「出入六合，遊乎九州，獨來獨往」，即出入天地四方，逍遙遊於天下九州，超出萬物之外自由自在能與造化冥合，獨來獨往。〔註3〕而如是的境界，「獨」即相當於第一章所論述的逍遙遊之「遊」的境界。

2、「獨」是「見道」

「獨」字之義在於「見獨」，即「見道」，〈大宗師〉語：「朝徹而後能見獨」，即是說達到清明的境界以後，就能眞正與那絕對的大道冥合。換言之，「獨」展現「神祕家與道在精神上的契合，以至化除彼此間隔閡的封界。在這前提下，『獨』字誠然投射了一份小我融入大我，人與道同體的意含。」〔註4〕關永中即指出「見獨」一方面向我們提示出神祕冥合的要旨，另方面人與道的合一，也包括人在認知上的參遞：即人展現空靈明覺的心性，而能明心見性地體道，成就神祕家所欲求的「光照」、「見道」、或是「智的直覺」，所以「獨」字凸顯了神祕經驗知識論方面的「悟道」意義。〔註5〕

3、「獨」是「獨存」

〈在宥〉篇言：「人其盡死而我獨存乎」，亦即眾人認爲有生有死，所以必有死的一天。而若了解死生如一的道理，所以就永遠存在了。〔註6〕王叔岷以〈秋水〉篇云：『道無終始，物有死生』解釋得道者能無終始而獨存。〔註7〕所以「獨」即「獨存」，獨立存在，也指那絕對獨立存在的本體而言。

4、「獨」是「獨化」

「獨」即「獨化」，「獨化」一方面是形體見道刹那的情狀，如〈田子方〉篇言：「向者先生形體掘若槁木，似遺物離人而立於獨也。」此指孔子見到老

〔註2〕徐復觀，《中國人性論史》，頁390～391。
〔註3〕黃錦鋐註譯，《新譯莊子讀本》，頁149。
〔註4〕關永中，〈「獨與天地精神往來」〉，頁110。
〔註5〕同上著作，頁111。
〔註6〕黃錦鋐註譯，《新譯莊子讀本》，頁147。
〔註7〕王叔岷，《莊子校詮》上冊，頁394。

子的形體，直立像是枯木，又像是遺棄外物脫離人間而到獨化的境地，所脫口而出的詢問，而老子回應他是處在「遊於物之初」的狀態。前一提問就如同〈齊物論〉所形容「形如槁木，心如死灰」的見道狀態，即人泯除了感官經驗，也泯除形成經驗來源的感性與理智，而返身自證自化，而產生一種意識上的轉變，在當下似乎都不覺得有時間感與空間感，整個意識融入了「物之初」的狀態。所以「獨化」一方面是形體見道剎那的情狀，另方面也是指心悟道、體道而意識轉化的狀態。

　　綜合以上「獨」的意涵，從「獨」一字面向釋意：「獨」既是「獨存」，是那絕對獨立存在的本體；也是人「見獨」，即悟道、見道；亦是人見道以後的精神境界；最後也指「獨化」之意，一方面是形體見道剎那的情狀，另方面也是指心悟道、體道而意識轉化的狀態。從人修道的面向釋意：初學的修道者須「獨自」修行、力求上進；已在修道中人須「專」心「一」志，能為精誠所至、金石為開；見道者則是在「見獨」中參透了道體之「獨一無二」，而與道「冥合為一」；見道後則海闊天空、「獨來獨往」〔註8〕。綜觀「獨」從字面或人修道的面向來看，我們都可以體會到「獨」字的超越性與深刻性，此字實凸顯出神祕主義的深刻意涵。

二、「天地精神」的意涵

　　首先我們先將「天地精神」分開為「天地」與「精神」來看二辭所蘊寓的意涵，雖然二辭在大部分的前提下所蘊含的是相同的意義，而且當在談「精神」時會經常含括「天地」的寓意，但我們仍覺得有必要先將各個部份釐清，因為整體與完型經常會在各個部份中透顯出來。

（一）「天地」的意涵

　　「天地」一詞，其中「天」常被正題化，而作為形上學的範疇討論。徐復觀以為莊子所說的天即是道，而「道」和「天」皆成人生的境界，常常是屬於一個層次的互用名詞。〔註9〕劉笑敢則認為「天」具有兩種重要的含意：一指天地萬物，即自然界；一指天然的狀態，即自然而然之意。〔註10〕然而

〔註 8〕關永中將修道者分為四個階段，而「獨」一字在四個階段中各有不同的要務，
　　　　參閱〈獨與天地精神往來〉，頁111。

〔註 9〕徐復觀，《中國人性論史》，頁370。

〔註 10〕劉笑敢，《莊子哲學及其演變》，頁123～126。

「天地」一詞，亦含括下述幾個寓意：

1、「天地」是宇宙萬物

《莊子》中的「天地」最常用來指涉宇宙萬物，〈齊物論〉言：「天地一指也，萬物一馬也。」〈秋水〉云：「計四海之在天地之間也」，即指天地萬物之意。

2、「天地」是自然狀態

此自然泛指著一種狀態，含括了：

（1）自然原始狀態，像是〈大宗師〉所說：「自本自根，未有天地，自古以固存。」〈逍遙遊〉云：「夫乘天地之正，而御六氣之辯，以遊無窮者」成玄英《疏》云：「天地者，萬物之總名。萬物者，自然之別稱。」此處「天地」即是指自然原始狀態。

（2）自然而然的無為狀態，如〈德充符〉言：「死生亦大矣，而不得與之變；雖天地覆墜，亦將不與之遺。審乎無假而不與物遷，命物之化而守其宗也。」〈大宗師〉云：「天無私覆，地無私載，天地豈私貧我哉？」〈天地〉篇說：「天地雖大，其化均也；萬物雖多，其治一也」，此「天地」之意都是指自然而然的無為狀態。

3、「天地」是自然力

即是有意志，有造化之意，如〈大宗師〉所說：「今一以天地為大爐，以造化為大冶，惡乎往而不可哉！」又如〈人間世〉云：「天下有大戒二：其一，命也；其一，義也。子之愛親，命也。不可解於心；臣之事君，義也，無適而非君也，無所逃於天地之間，是之謂大戒。」這裡的「天地」是有意志，會造化萬物而具位格性之主宰。

4、「天地」是合一的境界

〈齊物論〉言：「天地與我並生，而萬物與我為一」〈天地〉篇說：「合喙鳴；喙鳴合，與天地為合。」此「天地」乃是意謂著冥合於自然的精神境界。

5、「天地」是一氣的轉化

〈大宗師〉云：「彼方且與造物者為人，而遊乎天地之一氣。」此「天地」為一氣的所化，然〈秋水〉篇說：「比形於天地而受氣於陰陽」者不但是北海若，天地萬物莫不皆具形於天地而稟受氣於陰陽。

6、「天地」是道

〈刻意〉篇云：「夫恬惔寂漠，虛無無為，此天地之平而道德之質也。」

徐復觀即認爲莊子所說的天，即是道，這主要是莊子站在人生立場來談這些問題，而將「道」和「天」，都化成了人生的精神境界，所以「道」和「天」常是屬於一個層次的互用名詞。〔註11〕

　　綜言之，「天地」之意涵非常寬廣，所指涉面向也很多重，不但泛指宇宙萬物，亦是種自然原始狀態與自然而然的無爲狀態，且「天地」也是自然力，有意志會造化，更是合一的境界，且是一氣的轉化或陰陽之氣，而最後也指稱爲「道」。在這多重意涵的背後，我們仍需將了解「精神」一詞後，才能明瞭莊子何以獨與「天地精神」往來。

（二）「精神」的意涵

　　「在莊子以前，精字神字，已很流行。但把精字神字，連在一起而成立『精神』一詞，則起於莊子。這一名詞之出現，是文化史上的一件大事。『精神』一詞明，而莊學之特性更顯。」〔註12〕而莊子之「精」與「神」觀念也本於老子，《道德經・第二十一章》說：「窈兮冥兮，其中有精」，〈第六章〉言：「谷神不死，是爲玄牝」皆指出老子之「精」與「神」二字，都是就「道」的運作、化育力及道體而言，〈知北遊〉說：「精神生於道，形本生於精」，「道」即是「精」、「神」與「精神」的根源。然而，我們仍需就這三面向來作細步探討。

1、「精」

　　從人的面向而言，「精」是物理形體的根本精華，亦是創生生命的來源，〈知北遊〉說：「形本生於精」，形體是從精氣中產生。除此之外，形體與精氣如不虧損，是能隨變任化而與物俱遷的，所以〈達生〉篇說「形精不虧，是謂能移。精而又精，反以相天」。而「精」常是語言、意念所無法推想得到，〈秋水〉篇的「夫精，小之微也……可以言論者，物之粗也；可以意致者，物之精也」即說明「精」的細微，後代道教內丹常以精、氣、神來修練〔註13〕，

〔註11〕徐復觀，《中國人性論史》，頁 370。

〔註12〕同上著作，頁 387。

〔註13〕賴錫三就認爲「精神」和「精」是還需做區分的。「精神」是精之又精的「至精」狀態，而「精」是「精之又精的至精之神」所坎陷而成的較粗濁狀態。「精神」是氣之最純粹至精者，而「精」是氣之稍精微者。見賴錫三著，〈莊子精、氣、神的功夫和境界——身體的精神化與形上化之實現〉《漢學研究》，第 22 卷第 2 期（2004 年 12 月），頁 125。賴錫三著，《道教內丹的先天學與後天學之發展和結構——「精、氣、神、虛」系統下的道論與氣論》，（清華大學中文所博士論文，2001 年 6 月），頁 223～271。

無不說明「精」的根本與細微。

從道的向度而言，人與物質的形體之「精」是以道作爲絕對的根源，〈在宥〉言「至道之精，窈窈冥冥」即可見道雖無爲無跡，但「道」作爲「精」的存在，仍可讓人言論與意致。

2、「神」

從人的向度而言，指人的心神意識、精神狀態。〈德充符〉言「今子外乎子之神，勞乎子之精」即指惠施「疏外神識，勞苦精靈」〔註14〕在損耗他的心神意識。〈在宥〉篇說「無視無聽，抱神以靜，形將自正。」成玄英《疏》云：「耳目無外視聽，抱守精神，境不能亂，心與形合，自冥正道。」〔註15〕，此處即是指精神狀態。

從道的向度而言，「神」有兩種意涵，一是指神明；另一種是被理解爲道體不可測之意。

（1）神明

莊子當時的社會常受巫術的影響，聞一多即說：「我常疑心這哲學或玄學的道家思想有一個前身，而這前身很可能是某種附有神祕思想的原始宗教，或更具體點講是一種巫教。……莊子書裡實在充滿了神祕思想，這種思想很明顯的是一種古宗教的反影。」〔註16〕也因此，「神」自可被理解爲「神明」。〈徐无鬼〉篇的「明者唯爲之使，神者徵之。夫明之不勝神也久矣，而愚者恃其所見入於人，其功外也，不亦悲夫！」其中「神者」與「神」皆爲神明之意。

（2）道體不可測

〈在宥〉言「神而不可不爲者，天也。」成玄英《疏》云：「神功不測，顯晦無方」〔註17〕「神」即被理解爲道體不可測之意。

所以，「神」從人向度而言，常指人的心神意識、精神狀態，若從道的向度而言，常被指涉爲神明或被理解爲道體不可測之意。

3、「精神」

「精神」一辭，以人的向度而言，可從「體」與「用」兩個角度上作詮

〔註14〕郭慶藩輯，《莊子集釋（上）》，頁223。
〔註15〕同上著作，頁382。
〔註16〕聞一多，《聞一多全集》，第一冊，頁143～144。
〔註17〕郭慶藩輯，《莊子集釋（上）》，頁399。

釋。「從『體』上言，『精神』一辭寓意著人之靈智體；從『用』上言，『精神』一辭寓意著人之心智活動，其中可再分辨爲普通的心智運作，與超越的心智運作：普通心智運作活動牽涉普通認知之思辨推理，而達致有分別相之知識；反之，超越的心智活動則引動超越的智的直覺，而引申超分別相之神祕之知。」〔註18〕〈天道〉篇云：「水靜猶明，而況精神！」與〈刻意〉篇：「精神四達並流，無所不極，上際於天，下蟠於地。」皆說明了「精神」寓意著人之靈智體與心智活動。從道的向度而言，則道爲「絕對精神」，〈知北遊〉說：「精神生於道」即展現道爲精神的靈智體。

　　綜觀以上「精」、「神」與「精神」三面向，我們除了從人的向度與道的向度來瞭解以外，人與道之間的聯繫也存在著「精神」，徐復觀即說：「莊子主要的思想，將老子客觀的道，內在化而爲人生的境界，於是把客觀性的精、神，也內在化而爲心靈活動的性格。心不只是一團血肉，而是『精』；由心之精所發出的活動，則是神；合而言之即是『精神』。將內在心靈活動的此種性格（精神）透出去，便自然會與客觀的道的此種性格（精神），湊泊在一起；於是老子的道之『無』，乃從一般人不易捉摸的灰暗之中，而成爲生活裡靈光四射的境界，即所謂精神的境界。而此精神的境界，即是超知而不捨知的心靈獨立活動的顯現。莊子以『獨與天地精神往來』表示其思想的持色，應當從這種地方去了解。」〔註19〕

　　針對徐復觀如是的說法，關永中則認爲莊子的「精神」義，蘊含著一份道心「下灌」、與人心「返本」的歷程。〔註20〕「下灌」是上而下的角度而言，即是道的精神在人的精神內閃耀眞靈力，以致於我們可藉著接觸人有限的精神及活動，而體會天道無限的精神及靈智活動的奧妙。「返本」則由下而上的角度仰望，因爲人的精神本來就是天道精神的有限呈現，人的精神分享道的精神，以致人的精神只需往上提昇，自然能與天道精神相契，成就有限心靈與無限心靈間的冥合。其中「返本」含有「分享」與「冥契」兩個部分：「分享」是人的精神都在分享道體的絕對精神，因爲人精神以道爲最終根源，人的心智活動在某程度上類比道，以致每一個人都可在某程度上被稱爲道體有限的化身。「冥契」是指人的精神並不止於分享道的精神而已，人可藉修道而

〔註18〕關永中，〈「獨與天地精神往來」〉，頁111。
〔註19〕徐復觀，《中國人性論史》，頁387～388。
〔註20〕關永中，〈「獨與天地精神往來」〉，頁115～117。

體道得道，與道心冥契合而爲一。不過，人精神之所以能冥契天道，反應天道有其精神面，可與人的心靈契合，以致我們也可站在天道立場上言天與人精神上的融貫。人是須以精神來遙契天道，當人超出了感官與理性之知，開發自身所潛藏的智的直覺，即可與天道精神冥契，人心與道心冥合爲一。

「從沒有受到外物牽累之心所發出的超分別相的直觀、智慧，亦即是從精所發出的作用，這即是神。這種直覺、智慧，是不受一切形體、價值、知識、好惡的限隔，而與無窮的宇宙，融和在一起，這是莊子在現實世界之上，所開闢出的精神生活的世界。莊子便是想在現實的悲苦中，把自己安放在這種精神生活世界中去，這即是他自己所說的『獨與天地精神往來』。」〔註21〕所以總括而言，「精神」一辭，的確含有著神祕主義，甚至包含了神祕經驗中豐富的知識論意涵。

最後，將「天地精神」作爲一辭來看時，首先「天地」寓意宇宙萬物，即物理自然之整體，本身爲無靈之物；而「精神」一辭，則指人的精神，以人爲有靈之物。二辭合併之後的意義是「人作爲有靈之物，在嚮往大自然時，其精神融入大自然整體，與物理宇宙同化，而造就『萬有唯一』的經驗。爲此『獨與天地精神往來』一語，就被解作『獨自與天地萬物做精神上的往還』。」〔註22〕即王先謙所解釋「以精神與天地往來，寄於至高之境」的意涵。但若將「天地精神」視爲一個名詞看時，關永中認爲「天地精神」可以領會爲有靈性位格的絕對心靈，是化育天地萬物之「造物者」、「眞宰」、「絕對心靈」，原因之一是「天地精神」這概念相應配合著「造物者」，〈天下〉篇作者以「天地精神」一辭嚮應著「造物者」這名稱來作理解，此二稱謂皆凸顯了「天地精神」的靈智義、位格義。原因之二是「獨與天地精神往來」一語，比對著「不敖倪於萬物」，而「天地精神」也因此比對著「萬物」而凸顯其意；若「萬物」寓意宇宙整體，則「天地精神」就比對地應被理解爲有心靈位格之造物者。〔註23〕

三、精神往來

此偏語凸顯人與造物者的往來是透過「精神」上的冥合，即人的「精神」與「造物者」之「精神」互相契合，這也指出人有一個能導致見道的心靈結

〔註21〕徐復觀，《中國人性論史》，頁 388～389。
〔註22〕關永中，〈「獨與天地精神往來」〉，頁 118。
〔註23〕同上著作，頁 119。

構。我們將在下文闡釋。

　　綜合言之，「獨與天地精神往來」一辭，雖然近代學者多譯成「獨自與天地精神往來」，然而當我們透過「獨」、「天地」、「精神」等語一一分析之後，體會到莊子所想表達那導致神祕見道的知識論意涵的面向——人在見道中與天地精神作精神上的往返。然而人能與天地精神作精神上的往返，必然也有一「精神意識」來跟「天地精神」契合而「見道」，也就是說人的精神可藉意識的轉變而達致「見道」。所以，我們繼而再與莊子懇談能導致見道的心靈結構。

第二節　「大知」與「眞知」——導致見道的心靈結構

　　〈大宗師〉中莊子認爲「眞知」一義蘊含那能導致見道的心靈結構，眞知並不是外在知識的了解，而是精神生命的體認以達致體道的境界，透過超越生死、無古今、遺形體的修養工夫，使身體與意識轉化爲與「萬物一體」之境界〔註24〕，在此境界中，個人與宇宙本體合而爲一，人我內外之分都已不存在，融入了眞人最高神祕境界，這也是個人修養所追求的最高成就。

　　莊子的「知」是主體性的知〔註25〕，即是主體對人生與宇宙作根源性的把握，作一究極性的探索。這種「知」用以了解人和自然的關係，人在宇宙中的地位，以及人如何獲得精神的自由。〔註26〕在莊子所談「知」的層面有「小知」、「大知」或「眞知」的差異，〈逍遙遊〉內就有分辨「小知」與「大知」：

> 窮髮之北有冥海者，天池也。有魚焉，其廣數千里，未有知其脩者，其名爲鯤。有鳥焉，其名爲鵬，背若泰山，翼若垂天之雲，摶扶搖羊角而上者九萬里，絕雲氣，負青天，然後圖南，且適南冥也。斥鴳笑之曰：「彼且奚適也？我騰躍而上，不過數仞而下，翱翔蓬蒿之間，此亦飛之至也，而彼且奚適也？」此小大之辯也。

所謂「小知不及大知」、「小大之辯」也說明二者的相關性與相對性。

　　「眞知」在《莊子》書中只有出現過一次，即〈大宗師〉篇「且有眞人

〔註24〕馮友蘭，《中國哲學史（上）》收入《馮友蘭文集》第二卷，（吉林：長春，2008），頁 165～182。

〔註25〕「莊子的知，不重事理名物的分辨，亦即不重外在客觀性的知，而重主體內在的感受。他以爲知是要落實到人生的層面上，用以安頓內在的生命，所以這種知乃屬於主體性的知。」參閱陳鼓應，《老莊新論》，（台北：五南，1993），頁 252。

〔註26〕同上著作，頁 242。

而後有眞知」，但由文本觀之，其意義等同於「大知」。「大知」的消極面是「去小知」、去「成心」、「喪我」、「黜聰明」、「離形去知」等，而積極面則是進入「止」、「虛」、「同於大通」、「萬物與我爲一」的境界。因此，我們於此節中先探討莊子對一般感官經驗的「小知」的看法，再論述超越一般感官經驗，可導致見道的神祕經驗之知──「大知」、「眞知」。

一、「小知」──一般感官經驗之知

　　在一般感官經驗中有能知心識與所知境界，能知主體有其自己的運作功能，但因受到能知與所知多方面的限制，帶有片面性和相對性，然而能知主體卻常不知自己能知與所知的有限與片面，而執著於一般感官經驗之中，即成了莊子所謂的「小知」。

　　（一）能知心識及其限制

　　一般感官經驗的能知心識在運作上，含括感性功能、心智功能、意欲功能與情緒功能，而這些功能在運作上，受到能知主體在環境、能力、語言的局限，而所知境界的「物」與「論」也常受到自身的限制，且所知對象難以把握，再加上認知活動本身亦有所限，即造就我們一般感官經驗之「知」，而此感官經驗之「知」，莊子稱之「小知」，並在文本裡經常給予負面的評價。

　　1、能知心識的普通運作

　　能知心識在運作上，含括感性功能、心智功能、意欲功能與情緒功能：

　　（1）感性功能

　　人藉感官知覺外物而形成感性功能，〈人間世〉的「耳止於聽」以及〈德充符〉的「不知耳目之所宜」，都在表達感性功能所產生的經驗的有限性。

　　（2）心智功能

　　心智功能含理解、判斷與思慮三重運作。〈人間世〉言「心止於符」的「符」即是把握事物的本質而達致理解的運作。〈庚桑楚〉的「去就取與知能六者」，其中「去捨」與「從就」就是判斷的運作，而六者中的「知」，成玄英詮釋爲「知慮」，不但含有理解與判斷，且含括了整體思考的運作。

　　（3）意欲功能

　　人在認知當中，理智定當伴隨著意志在活動，而人的意志也顯示了抉擇、意欲與干預三重運作。〈庚桑楚〉的「去就取與知能六者」，其中「取與」即

凸顯了人意志活動中的抉擇;「惡欲喜怒哀樂六者」中之「惡欲」,一方面表視人意志上好惡的選擇,另一方面對於所認知的對象若有好惡取捨之心,亦會干預認知主體的判斷抉擇,〈徐无鬼〉的「致其所惡則散」即說明了干預的運作。

（4）情緒功能

〈齊物論〉中談及朝三暮四眾狙皆悅,「名實未虧而喜怒為用」的例子展現出知識有其情緒面,好惡之情會影響其價值判斷,而人陷其情緒卻莫知其所由。〈齊物論〉又言「喜怒哀樂,慮歎變慹,姚佚啟態」,成玄英《疏》云:「順則喜樂,違則哀怒。……慮則抑度未來,嘆則咨嗟已往……眾生心識,變轉無窮,略而言之,有此十二。」於此可見情緒面的多樣化,即使是「平靜」的心態,亦是情緒面之一。〔註 27〕而情緒如「樂出虛,蒸成菌」(〈齊物論〉)甚至無法得知它由何處來,更不知到底是誰支配它?

綜觀人的能知心識,有其主體自己的運作功能,但這些功能也常受自身與外在受多方限制。

2、能知心識的限制

莊子反省到認知主體的能知心識必受其先天與後天的限制,〈庚桑楚〉即言:「知者,接也;知者,謨也。知者之所不知,猶睨也。」正好說明局限所在。其圍限有先天時間空間的限制,正如康德（Immanuel Kant,1724～1804）所說感性直覺以「時、空」為先驗形式〔註 28〕;後天則是主體的能力、語言與「成心」的局限。

（1）受時間、空間、觀念的限制

莊子體認能知主體會受到時空與觀念的限制,〈秋水〉篇說:「井蛙不可以語於海者,拘於虛也;夏蟲不可以語於冰者,篤於時也;曲士不可以語於道者,束於教也。」其中「拘於虛」即是受制於特定的存在空間,「篤於時」是為一定的時間、歷史條件所限,「束於教」即是片面的學說思想、文化觀念對能知主體的影響,而這些限制都是具體存在作為人對外在世界的認知局限。

〔註 27〕 Martin Heidegger, *Being and Time*, Translated by John Macquarrie & Edward Robinson,（N.Y.: SCM Press.,1962）, p.173.

〔註 28〕 康德（Immanuel Kant）著,鄧曉芒譯,《實踐理性批判》,（台北:聯經,2004）,頁 31～60。

（2）受能知主體能力的限制

莊子認爲人的能知，受感官經驗的有形世界極限範圍的影響，對於如〈秋水〉篇所說：「夫精粗者，期於有形者也；無形者，數之所不能分也；不可圍者，數之所不能窮也。可以言論者，物之粗也；可以意致者，物之精也；言之所不能論，意之所不能察致者，不期精粗焉。」其中的「無形者，數之所不能分」與「不可圍者，數之所不能窮」人的感官經驗是無法知覺，所以，受能知主體受其能力的限制，對於「言之所不能論，意之所不能察致者」的領域，更是無法以認知的方法來加以認識。

（3）能知主體語言的限制

語言文字是用於表達與有意義的指涉，但因「言之所盡……極物而已」（〈則陽〉）所以，莊子在〈齊物論〉裡就明白的表示出語言的種種局限。首先是「其所言者特未定也」，人類因有其自我意識，總立於自己的觀念看問題，於是所表達的，已受各種條件所制約，如「大知閑閑，小知間間；大言炎炎，小言詹詹」即是一種制約的表現。﹝註29﹞再者「言隱於榮華」，因爲言說有時是種傳達意義，要求認同的工具，所以會有所修飾，甚至被浮誇之辭所遮蔽，而誤導或掩飾了眞相。海德格（Martin Heidegger，1889～1976）也說語言本身有雙重性，既是澄清展現眞相的媒介，同時又是隱蔽眞相的工具，﹝註30﹞而作了「言隱於榮華」最好的註腳。又「以是其所非而非其所是，欲是其所非而非其所是」更是無所定論的是非爭議，而這都是能知主體本身與語言使用的缺陷與局限，無怪乎〈天下〉篇作者說：「以天下爲沈濁，不可與莊語」，所以，最後莊子選擇了「以謬悠之說，荒唐之言，無端崖之辭」來表達他的言說立論。

（4）「成心」的限制

〈齊物論〉言「隨其成心而師之」的「成心」，成玄英《疏》解爲「夫域情滯著，執一家之偏見者，謂之成心。」牟宗三認爲人人皆有其成心，成心會引導人作是非判別，但成心也是是非紛爭的根源。﹝註31﹞狹義地說，能知

﹝註29﹞ 牟宗三講述，陶國璋整構，《莊子齊物論義理演析》，（台北：書林，1999），頁 57。

﹝註30﹞ Martin Heidegger, *Basic Writings*,（N.Y., Harper & Row Publishers, 1977），pp.198～9.

﹝註31﹞ 牟宗三講述，《莊子齊物論義理演析》，頁 45～53。

主體的確會受成心的左右，而表現出自我中心與排他性〔註32〕，易引起能知主體的獨斷與片面；若以廣義而言，成心既是已有的觀念，它產生於一定的社會文化背面，而形成之後又融入主體的能知之中，並構成主體用來思維與考察問題的前見，主體的能知心識是無法擺脫外在社會的影響，所以也會跟著相應出自身的成心，而蘊含主體的價值取向。〔註33〕上述的「束於教」也是種相應出自身的「成心」的表現。

（二）所知境界及其限制

一般感官經驗的所知境界的對象，不但受能知心識在認識外物時自身的因素所限制，也受對象自身的變動與無窮盡而難以把握，甚至在認知的過程當中，也無一定的判準。

1、能知心識有限導致所知境界被限

所知境界的對象含括世界有形的人、地、事、物等對象，莊子稱爲「物」；與無形的思想、觀念、言論等，莊子稱爲「論」。於「物」而言，〈秋水〉篇說：「以道觀之，物無貴賤；以物觀之，自貴而相賤；以俗觀之，貴賤不在己。以差觀之，因其所大而大之，則萬物莫不大；因其所小而小之，則萬物莫不小。知天地之爲稊米也，知毫末之爲丘山也，則差數睹矣」，「物」皆以自身的立場看待對象，依著萬物自以爲大的，就說它是大；自以爲小的，就說它是小。另外在「論」方面，〈齊物論〉言：「以是其所非而非其所是，欲是其所非而非其所是。」都會以自身的立場來評論是非爭議，所以一般感官經驗的所知境界的對象不但受其自身所限制，也受對象「物」、「論」所限。

2、所知境界的對象無從全被充份把握

所知境界的對象難以把握，原因一是萬物的無窮盡，二是萬物充滿變動與不確定性，致使人對外物無從全被充份把握。

（1）萬物的無窮盡

《道德經‧第四十二章》說：「道生一，一生二，二生三，三生萬物」萬物由道所生，其種類之多、數量之廣，人窮盡一生之生命與精力，也無法窺探萬物之全貌，更何況每物本身，又有多個可被探究的深度與廣度，〈秋

〔註32〕陳鼓應，《老莊新論》，頁 243。
〔註33〕楊國榮，《以道觀之》，（台北：水牛，2007），頁 139～140。

水〉篇說：「夫物，量無窮，時無止，分無常，終始無故。」而人的狀況是「吾生也有涯，而知也無涯。以有涯隨無涯，殆已！已而為知者，殆而已矣！」（〈養生主〉）若人的生命一直投擲在追求無窮無盡，不但處於危險的情狀中，愈加探究是會愈迷亂而不能自得，「故天下每每大亂，罪在於好知。」（〈胠篋〉）、「計人之所知，不若其所不知；其生之時，不若未生之時；以其至小，求窮其至大之域，是故迷亂而不能自得也。」（〈秋水〉）當人的能知心識能力有限，而面對所知境界的對象又是無窮無盡時，即凸顯了一般感官經驗之知的困境。

（2）萬物充滿變動與不確定性

所知境界的對象的存在方式，無論是「物」或「論」總在不斷地流轉變動當中，〈秋水〉篇說「物」的狀況是「物之生也，若驟若馳。無動而不變，無時而不移。」這是萬物的道理，「萬物皆種也，以不同形相禪，始卒若環，莫得其倫，是謂天均。」（〈寓言〉）不但無時無刻不在變化移動，且以不同的形狀相禪相傳，在這樣的狀況下，是無從建立恆常不變的知識，何況知識是要有所待的對象，而後才能判斷是否正確，但所待的對象卻是不確定，「知有所待而後當，其所待者特未定也。」（〈大宗師〉）再加上「物」的流轉不停，忽起忽滅，一切對待關係變換無定，以致認知關係也轉化無常，於此「論」難以有確定的內涵，〈齊物論〉說：「彼出於是，是亦因彼。彼是方生之說也。雖然，方生方死，方死方生；方可方不可，方不可方可；因是因非，因非因是。」因著萬物充滿變動與不確定性，所以認知關係也轉化無常，而顯示出所知境界的限制與困難。

（三）認知活動的限制

人在認知是以能把握外物為目的，在認知的歷程為了認識外物本身，將外物不斷地分割區別，抽離出來加以概念化，而認識外物的本質。〈齊物論〉言：「古之人，其知有所至矣。惡乎至？有以為未始有物者，至矣，盡矣，不可以加矣！其次以為有物矣，而未始有封也。其次以為有封焉，而未始有是非也。是非之彰也，道之所以虧也。道之所以虧，愛之所以成。」在分割區別加以認識事物的同時，一方面破壞事物的完整，另一方面若再加上主觀的是非觀念以論述事物，此時即形成「道之所以虧」。其實「道」體是不會「虧」，「虧」的在認知活動中，人切斷了通往認知「道」體的途徑，而以「成心」

師之，不是以「道」師之。

　　而且在認知的歷程中，在不同的認知主體，也難以找到一致的判準，〈齊物論〉就說：

　　　民濕寢則腰疾偏死，鰌然乎哉？木處則惴慄恂懼，猿猴然乎哉？三者
　　　孰知正處？民食芻豢，麋鹿食薦，蝍且甘帶，鴟鴉耆鼠，四者孰知正
　　　味？猿猵狙以爲雌，麋與鹿交，鰌與魚游。毛嬙麗姬，人之所美也：
　　　魚見之深入，鳥見之高飛，麋鹿見之決驟，四者孰知天下之正色哉？

雖人與其他物類無法比較，但莊子的目的在於說明，即使同樣是一般感官經驗的認知，對同一所知境界的對象，因能知主體的不同，也難有一致的判準。認知主體與認知主體之間是如此，那更何況萬物的共同判準，或是人與萬物的認識判準。

　　總而言之，感官經驗的認知，無論是能知心識、所知境界或是認知活動，無疑地都有其自身限制而被視的「小知」，莊子認爲若把認知停留在「小知」，則將會遮蔽對「大知」、「眞知」的認識，所以〈外物〉篇說：「去小知而大知明」，唯有消極地去除「小知」才能積極地開顯「大知」，然而爲要達致「大知」而與天地精神往來，莊子也不斷地在追問「何思何慮則知道？何處何服則安道？何從何道則得道？」（〈知北遊〉）從知道，進而安道，而至得道，莊子也爲我們提出了「大知」的認識方法。

二、「大知」的認識方法與轉識成智的功能

　　在談「大知」的認識方法之前，先讓我們看〈知北遊〉篇中，莊子對「何思何慮則知道？何處何服則安道？何從何道則得道？」這三個問題的回應是「無思無慮始知道，無處無服始安道，無從無道始得道。」這問題的回應提示我們，在「知道」了解道以前，需先放下感官經驗和理性思辨，即「無聽之以耳」和「無聽之以心」（〈人間世〉），因「耳」意向著感官經驗，而「心」意向著理性思辨，在經驗的層次裡最多只是所知「物」與「論」，要把握「道」的認知方式，從知識論的角度是「自聞」與「自見」，〈駢拇〉篇即說：「吾所謂聰者，非謂其聞彼也，自聞而已矣；吾所謂明者，非謂其見彼也，自見而已矣。」「自聞」與「自見」是種自然而然單純的直覺把握，不憑藉任何的媒介而直接洞察，我們可以用「以神遇」來說明這種直覺式的認識方法。

事實上，在〈養生主〉中，庖丁「以神遇而不以目視，官知止而神欲行」其中「以神遇」的直覺方式，正是放下感官經驗和理性思辨，而以邏輯之外的單純直覺去把握。謝幼偉認爲所謂的直覺是人類心靈的一種活動，其特徵之一是「不可說」；之二是一望即知，當下見到不依靠思維、推理、辯證或經驗的累積，而能「直接之見」；之三直覺是觀物或知物的方法。〔註 34〕綜觀以上三個直覺的特徵，也正說明了莊子「以神遇」的特質，因爲「雖有大知，不能以言讀其所自化，又不能以意其所將爲」（〈則陽〉）、而且「道物之極，言默不足以載；非言非默，議有所極。」（〈則陽〉）正都表達了莊子對「大知」的認識，是在「官知止」的情況下，透過「以神遇」的領悟，「非言非默」直接與「大知」相應，而把握到「道」的神祕經驗之知。

認識方法之後，讓生命轉識成智必有其實踐的工夫，透過踐履、修行，使意識轉化之後，方能提昇生命境界而獨與天地精神往來。從普通經驗知識論轉捩至神祕經驗知識論的過程，莊子透過〈大宗師〉篇說：「聞諸副墨之子，副墨之子聞諸洛誦之孫，洛誦之孫聞之瞻明，瞻明聞之聶許，聶許聞之需役，需役聞之於謳，於謳聞之玄冥〔註 35〕，玄冥聞之參寥〔註 36〕，參寥聞之疑始〔註 37〕。」普通經驗知識論的思考歷程，從經驗、理解、判斷至踐行，莊子以「副墨、洛誦」爲經驗，「瞻明」爲理解，「聶許」爲判斷，至「需役、於謳」爲踐行，透過守持的工夫達「玄冥、參寥、疑始」，以致能「朝徹、見獨」而見道，最終達改圓滿的「攖寧」，我們借用以下圖 2 所示：

〔註 34〕謝幼偉，〈直覺與中國哲學〉，《中國哲學思想論集——總論篇》，3 版（台北：水牛，1990），頁 151～2。又見謝幼偉，《哲學講話》，（台北：文化大學，1982），頁 93。

〔註 35〕成玄英《疏》云：「玄者，深遠之名也。冥者，幽寂之稱。既德行內融，芳聲外顯，故漸階虛極，以至於玄冥故也。」

〔註 36〕成玄英《疏》云：「參，三也。寥，絕也。一者絕有，二者絕無，三者非有非無，故謂之三絕也。夫玄冥之境，雖妙未極，故至乎三絕，方造重玄也。」

〔註 37〕成玄英《疏》云：「始，本也。夫道，超此四句，離彼百非，名言道斷，心知處滅，雖復三絕，未窮其妙。而三絕之外，道之根本，謂重玄之域，眾妙之門，意亦難得而差言之矣。是以不本而本，本無所本，疑名爲本，亦無的可本，故謂之疑始。」

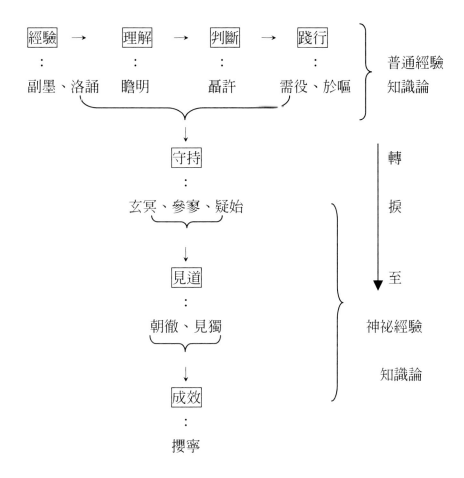

圖2：大知之認識方法圖解

（資料來源：關永中，〈「獨與天地精神往來」〉，頁133）

簡言之，「爲初學道的人而言，我們總須依靠文字語言上的傳授來開始
進修，以順利進入情況。可是文字的誦讀、概念式的思維、思辨的推理等
作法早晚要被揚棄，要被『修持』的工夫所超越，以達致超感性、超語言、
超思辨的道體本身；人早晚須讓理智心的思辨理性沉寂下來，好讓更高的
智的直覺呈現，而達成見道。當人一旦見道，則心靈會有脫胎換骨的改變，
造就心靈上圓滿的『攖寧』。」〔註38〕至於實踐的工夫，我們留待第三章「調
適而上遂」時有進一步的詳述，於此，我們要探究神祕經驗的能知與所知
爲何。

〔註38〕關永中，〈「獨與天地精神往來」〉，頁131～2。

三、「大知」與「真知」——神祕經驗之知

　　「神祕經驗在知識論與心理學立場上言，就是意識的轉變；在其中，人的意識從普通經驗之知，轉撿爲神祕經驗之知。而能知意識的轉變，也寓意著所知境界的轉移。」〔註 39〕所以當人的意識不再從「小知」出發，而能直接以「大知」洞察時，能知心識與所知境界亦會隨之不同。

（一）能知心識

　　在上述的感官經驗之知中，我們提到一般的感官經驗蘊含有感性、心智、意欲與情緒功能的運作，然而在神祕經驗裡，能知心識有其消極與積極的運作。

　　消極面上經驗之知的功能運作就都會暫時的靜止引退：〈養生主〉說「官知止」，〈大宗師〉說「離形」、「墮肢體」即是描述在神祕經驗的當下，一般經驗之知的感性功能暫停運作，而〈大宗師〉說「黜聰明」即是退除心智功能的理解、判斷、思辨推理。〈天地〉言「無欲而天下足，無爲而萬物化」即指人放下「無欲無爲」的意欲功能。所以在神祕經驗中，經驗之知會悄然隱退。

　　積極面上超越的智的直覺即會帶領運作：〈人間世〉的「聽之以氣」，氣即是心靈活動到達極純精的境地，亦是高度修養境界的空靈明覺之心，它洗淨了欲念的攪擾，超脫了俗事的牽累，可照見萬有之真況，能觀賞天地之大美，而遊於無所拘繫的境地，爲一切創造價值的根源。〔註 40〕「氣」字亦寓意理智在神祕經驗中所發顯的一份更超越的直覺，有別於在一般經驗之知的思辨、推理、計慮、衡量等日常巧智，且理智本來就有其超越的潛能，經高度的靈修而獲得發，發而爲對道體的直截把握，此爲「智的直覺」，即人在排除了感性的干擾、靜止了思辨的轉折，而讓更高的直覺獲得抬頭，因而造就一份明心見性。所以「氣」就功能義而言，即那有待開發的理智本有的直覺這潛能；就效果義而言，即藉這智的直覺所達的見道，所以「聽之以氣」就是以更超越的智的直覺來把握道體的實相。〔註 41〕莊子是以「靈府」、「靈台」或「朝徹」來形容此心，而讓我們因「朝徹」而「見獨」，終至「見道」。

〔註 39〕同上著作，頁 147。
〔註 40〕陳鼓應，《老莊新論》，頁 248～9。
〔註 41〕關永中，〈「獨與天地精神往來」〉，頁 122。

（二）所知境界

按〈天下〉篇作者給予我們的提示，莊子以「上與造物者遊」、「獨與天地精神往來」為最究竟的所知境界，在此最高境界中，道體不是被感官經驗所認知，而是「靈府」、「靈台」或「朝徹」不透過任何媒介而直覺地把握，這種「見獨」、「見道」的體悟，自然論者即有〈齊物論〉所言「天地與我並生，萬物與我為一」的神祕經驗；一元論者即有〈大宗師〉所言「安排而去化，乃入於寥天一」的合一神祕經驗；薩滿論者即有〈逍遙遊〉所言「乘雲氣，御飛龍，而遊乎四海之外」的「藐姑射之山有神人居」的神人合一神祕經驗；而有神論者是以得道者上與超凡境界自在遨遊，下與塵世俗人逍遙共處的神祕經驗畫面，以「天地精神」、「造物者」為其最究竟的所知境界，為合一的對象。

（三）見道情狀

在神祕經驗中，能知心識直覺地把握所知境界而合為一體時，所引起的共鳴，〈齊物論〉用「天籟」一辭來形容其境界，另外在形體方面因為經驗之知的功能運作暫時的靜止引退，以致於外貌呈現如〈齊物論〉所形容「槁木死灰」的入定現象，然而在心境方面，因靈台心的顯發，以致於有〈人間世〉所說「瞻彼闋者，虛室生白，吉祥止止」的一份光明喜悅、吉祥福祉的現象。

綜合而言，莊子於此區分了「小知」、「大知」，而且認為「小知不及大知」，此乃因為「小知」是一般感官經驗之知，經驗之知含能知與所知，能知與所知受主體與外在環境多方面的限制，然而能知主體卻常不自知，甚至執著坎陷於內，而「真知」是能導致見道的神祕之知，透過精神生命的直覺體悟以達致見道的境界，在此境界中，個人與宇宙合而為一，人我內外之分都已不存在，融入了真人所體會的最高神祕境界。

最後，神祕經驗之知，我們以下圖3來示意：

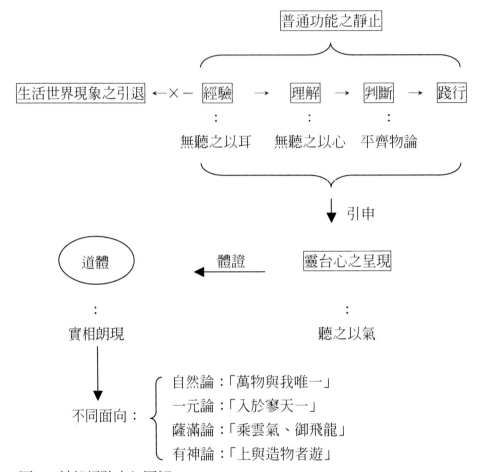

圖3：神祕經驗之知圖解

（資料來源：關永中，〈「獨與天地精神往來」〉，頁149）

結　語

此章在於回應上章「上與造物者遊」給我們提示出：凡修行必有一最終目的，莊子是以「造物者」作爲其嚮往的宗向，但人是憑藉什麼依據來達致「與造物者遊」？我們透過「獨」、「天地」、「精神」等語一一分析之後，體會到莊子所想表達那導致神祕見道的知識論意涵的面向——人在見道中與天地精神作精神上的往返。然而人能與天地精神作精神上的往返，必然也有一

「精神意識」來跟「天地精神」契合而「見道」，也就是說人的精神可藉直覺的認知而達致「見道」。

　　所以我們在此章區分了「小知」、「大知」，「小知」是一般感官經驗之知，「真知」是能導致見道的心靈結構，莊了揚棄「小知」而透過精神生命的直覺體悟以達致「大知」的神祕之知，於此神祕經驗中與造物者遊。

第三章　調適而上遂——與莊子懇談修道以達本返始的途徑

　　前文第一章〈上與造物者遊〉——談神祕主義眾型態，談及莊子所屬神祕主義和莊子神祕主義的宗旨與目標是「上與造物者遊」。第二章〈獨與天地精神往來〉在於凸顯人有冥合「天地精神」的「意識結構」，主要是從神祕經驗知識論立場作反思。於此第三章〈調適而上遂〉中，我們進而追問：修行者是用什麼方法與途徑來「轉變意識」以達致所展望的「目標」？首先，讓我們來看「調適而上遂」一語所給予的進一步提示。

　　〈天下〉篇說「其於本也，弘大而辟，深閎而肆，其於宗也，可謂稠適而上遂矣。」寓意著莊子所論述之道的本源是弘廣而通達、深遠而博大，莊子所體認之道的宗旨，可謂調和妥適而往上超越、達本返始，所以莊子是先提及「道」體之本源以作為嚮往的最終目標，再提及達致這最終目標的「途徑」。

一、從「調（稠）適而上遂」字義說起

　　有關「調（稠）適而上遂」一語的注釋如下：

1、唐西華法師成玄英《疏》云：「遂，達也。言至本深大申暢、開通眞宗，調適唐上達玄道也。」

2、唐陸明德《釋文》云：「稠適。稠，音調，本亦作調。」〔註1〕

3、清王先謙《莊子集解》云：「調通而上達者矣。」〔註2〕

4、現代學者王叔岷撰《莊子校詮》云：「朱駿聲云：『稠，叚借為調。』

〔註1〕郭慶藩輯，王孝魚整理，《莊子集釋（下）》，頁1102。
〔註2〕王先謙，《莊子集解》，頁311。

　　　　馬氏故引宣穎曰：『上言其本宗，下言其應用，體用兼妙，此勝老子
　　　　處。』案元纂圖互注本、世德堂本調亦並作稠。」〔註3〕
　　5、現代學者黃錦鋐註譯《新譯莊子讀本》說：「調一作稠。調和的意思。
　　　　陸長庚說：『上遂是達本返始的意思』。」〔註4〕
　　6、現代學者陳鼓應註譯《莊子今註今譯》說：「稠適，和適之意。遂，
　　　　達（成疏）。」〔註5〕

　　綜觀以上的注釋，「調（稠）適而上遂」一語給了我們每一字字義在神祕
主義的啓發。

二、「調適而上遂」一語所給予之啓發

　　〈天下〉篇的「調」、「適」、「上」、「遂」四字分別有其暗示：

　　（一）「調」

　　「調」字有二重義：第一義，主體地「調」整心弦。第二義，客體地與
最終目標「調和」、「和合」、「翕合」。

　　於此先探第一義「調」整心弦作反思，因爲第二義與「適」之第二義相
應。「調」意謂調整心弦，亦即內含著：1、認識人生困境，2、引申修道心態，
類比聖依納爵《神操》第一週之棄惡破執。

　　（二）「適」

　　「適」字也有二重義：第一義，主體地獲取妥「適」心態。第二義，客
體地「適」應，並應和最終目標。

　　於此採第二義客體地「適」應，並應和最終目標作反思。換言言，「適」
意謂「適」應目標，內含三重意義：

　　1、「修行」有其「目標」

　　「修行」對準其「目標」而勇往直前，若沒有最終目標，則「修行」無
所適從。

　　2、「目標」支配「途徑」

　　雖然各修行派別在修道方法上可以互相參考與重疊，但「目標」之不同，

〔註3〕王叔岷，《莊子校詮》下冊，頁 1348～1349。
〔註4〕黃錦鋐註譯，《新譯莊子讀本》，頁 469。
〔註5〕陳鼓應註譯，《莊子今註今譯（下）》，頁 966～967。

則深遠影響到修行方法與途徑上之殊異。所以要了解一修行派別之方法途徑，須首先考量其修行之「最終目標」。

　　3、修行者「適應」其目標而開出其途徑

　　神祕主義之四大型態：「自然論」、「一元論」、「有神論」、「巫祝論」〔註6〕，各因其目標之殊而各別開出其特有的修行法。

　　（三）「上」

　　「上」字亦有二重義：第一義，針對所執之世物和普通思辨之知的揚棄與超越。第二義，對準最終目標而「上與造物者遊」。

　　於此先探第一義作爲反思，因爲第二義與「遂」之第二義相應。所以「上」意謂往「上」超越，對所執之世物、思辨推理之知等普通經驗之知的超越，尤凸顯在「心齋」、「坐忘」、「守」、「外生」等超越的工夫上。

　　（四）「遂」

　　「遂」字也有二重義：第一義，從無待於他物上言是順遂、無拘無束、逍遙自由。第二義，從最終目標上言是達本返始。

　　於此採第二義作爲反思，「遂」意謂著「遂」本返始，「遂」即達也，也就是說經歷意識的轉變而開展出神祕冥合，達致與最初的源頭，即造物者、絕對精神的合一。

三、本章在分析上劃分爲四節

　　本章從「調」、「適」、「上」、「遂」四字展開分四部分討論。第一部分，與莊子懇談「調」整心弦；第二部分，與莊子懇談「適」應目標；第三部分，與莊子懇談往「上」超越；第四部分，與莊子懇談「遂」本返始。

第一節　與莊子懇談「調」整心弦

　　本節主旨在透過莊子而認識凡俗之人生困境，以得悉修道之迫切性，並提示踏上修道的旅途中所須經歷的破執面與顯道面，藉此培養適當心態，爲此，本節將從人生的困境與修道者的態度兩方面論述。

〔註6〕在第一章中有關神祕主義的四大型態有其詳細的論述。

一、人生的困境

　　無論是西方哲學或東方哲學，不外在尋求絕對的「真」、「善」、「美」、「聖」，而傳統中國哲學家在理想上大致可說是以「天」為絕對的「真」、「善」、「美」、「聖」。〔註7〕但自有人為之後，形成了天人的斷裂，人以自我為中心，不斷地與外物「相刃相靡」，且人自身更無可奈何地從一出生就是在走向死亡，這樣如夢的現實人生，莊子提示著我們，看清這「自我」的實相，而透過修道的途徑調適而上遂，「讓自己的精神昇華，和道體合一。」〔註8〕以達「上與造物者遊」、「獨與天地精神往來」的境界。

　　（一）天人的斷裂

　　《莊子》書中乃以「天地與我並生，而萬物與我為一」為最高的天人冥合狀態，但放眼莊子當時所處的社會卻是受仁義禮樂所束縛，人為造作，而形成天人斷裂的狀態。〈繕性〉篇說：

> 古之人，在混芒之中，與一世而得澹漠焉。當是時也，陰陽和靜，鬼神不擾，四時得節，萬物不傷，群生不夭，人雖有知，無所用之，此之謂至一。當是時也，莫之為而常自然。

人原是與自然一體，在渾沌世界中，一起詳和並存。

> 故至德之世，其行填填，其視顛顛。當是時也，山無蹊隧，澤無舟梁；萬物群生，連屬其鄉；禽獸成群，草木遂長。是故禽獸可係羈而游，鳥鵲之巢可攀援而闚。夫至德之世，同與禽獸居，族與萬物並。惡乎知君子小人哉！同乎無知，其德不離；同乎無欲，是謂素樸。（〈馬蹄〉）

當時的世界是萬物和平共處的理想世界，也是一氣同流的原始樂園，〔註9〕然而人不當的作為可以破壞原初的和諧，莊子尤以渾沌之喻來作說明：

> 南海之帝為儵，北海之帝為忽，中央之帝為渾沌。儵與忽時相遇於渾沌之地，渾沌待之甚善。儵與忽謀報渾沌之德，曰：「人皆有七竅以視聽食息，此獨無有，嘗試鑿之。」日鑿一竅，七日而渾沌死。（〈應帝王〉）

〔註7〕金自鉉，《莊子哲學中「天人之際」研究》，（台北：文史哲出版社，1986），頁1。

〔註8〕方東美，《方東美全集·生生之德》，（台北：黎明，2005），頁333～336。方東美認為莊子肯定人源於神性，而人具有無限的潛能，因此莊子是主張生命的崇高在於將經驗的範圍拓寬，讓自己的精神昇華，和道體合一。

〔註9〕楊儒賓，《莊周風貌》，（台北：黎明，1991），頁161。

言下之意，當人爲的造作一開始，渾沌世界便邁向死亡。成玄英《疏》云:「夫運四肢以滯境，鑿七竅以染塵，乘渾沌之至淳，順有無之取舍;是以不終天年，中塗夭折。」〔註10〕郭象《注》曰:「爲者敗之。」〔註11〕爲即是人爲，只要人爲的破壞了原先自然而然的狀態，就會導致人與天的斷裂，而使天人分離。〈駢拇〉篇所謂「是故鳧脛雖短，續之則憂;鶴脛雖長，斷之則悲。故性長非所斷，性短非所續，無所去憂也。」，以及〈秋水〉篇的「牛馬四足，是謂天;落馬首，穿牛鼻，是謂人。故曰，無以人滅天，無以故滅命，無以得殉名。謹守而勿失，是謂反其眞。」兩篇都說只要是人爲干預破壞自然純樸，即會像渾沌被鑿七竅，終至人爲毀滅天機，事故毀滅性命。

（二）人自身

莊子又說:

> 一受其成形，不忘以待盡。與物相刃相靡，其行盡如馳，而莫之能止，不亦悲乎!（〈齊物論〉）

其意是人一旦受到天賦的給予而有了形體，就會慢慢的消耗待盡，步向死亡。而人的形體與外物相交，猶如我割你一刀，你割我一刀相刃相靡。而走向死亡終點的過程更像是飛馬奔馳，任誰也停不住，這不是很可悲嗎?

除了無法控制生命在邁向死亡的這個事實外，人的心境也不得安寧。每天睡著時意識仍交錯不寧，醒來時仍形體不安。常處在勾心鬥角的狀態中，心思有時緩慢，有時深沉，有時隱密。遇小恐懼則心神不寧，遇大恐懼則失魂落魄。心思發動的時候像是快速的箭矢，無形中常帶自己的見解去評斷他人的是非;若心思不動時，就會像是堅守盟誓一般，爲的是等候把握致勝關鍵的一擊。就這樣精神上一日日的消耗怠盡，陷溺其中，無法自拔，最後心靈也慢慢走向墮落沈淪。

爲此，莊子有這樣的感言:

> 大知閑閑，小知閒閒;大言炎炎，小言詹詹。其寐也魂交，其覺也形開，與接爲搆，日以心鬥。縵者，窖者，密者。小恐惴惴，大恐縵縵。其發若機栝，其司是非之謂也;其留如詛盟，其守勝之謂也;其殺若秋冬，以言其日消也;其溺之所爲之，不可使復之也;其厭也如緘，以言其老洫也;近死之心，莫使復陽也。（〈齊物論〉）

〔註10〕郭慶藩輯，《莊子集釋（上）》，頁310。
〔註11〕同上。

事實上，所有喜怒哀樂的情緒變化，多慮、多悲、反覆、惶恐的心念，輕佻、縱逸、開放、忸怩的態度，都像是樂器因空虛處而發出聲音，菌類因水氣蒸發而生成，他們都是無中生有。然而這一切日夜交替，不斷地流轉在人們面前，我們都不知這些無中生有之物何時生成？又如莊子所說：

> 喜怒哀樂，慮嘆變熱，姚佚啟態；樂出虛，蒸成菌。日夜相代乎前，而莫知其所萌。(〈齊物論〉)

更可悲的是還一直執著在無中生有的情緒變化中，不能自拔。一輩子辛苦勞役，而見不到什麼成就，終身疲勞困頓而不知最終的歸宿，這不是極悲哀的事嗎？因此，莊子說：「身役役而不見其成功，苶然疲役而不知其所歸，可不哀邪！」(〈齊物論〉)

不過更可悲的是人的形體逐漸變化而至死亡，但也認為人的心會隨形體逐漸老化而至死亡，這才是更大的悲哀啊！此即莊子所謂的「其形化，其心與之然，可不謂大哀乎？」(〈齊物論〉)

(三) 夢中的經驗我

況且「我們在世的生命，由生到死，包括所有的夢想在內，本身不就是一場夢？我們把它當成真實的生命，從不懷疑它的真實性。」〔註12〕所以莊子才說，「方其夢也，不知其夢也〔註13〕。夢之中又占其夢焉，覺而後知其夢。」(〈齊物論〉) 人在夢中並不知自己正在做夢，而夢裡又另外在做一個夢，醒來以後才知原來都是夢。然而這個夢中的「我」卻如此的真實。

首先這個夢中的「我」是在與外在世界互動中所產生的感官經驗有所苦與所樂，「所樂者，身安厚味美服好色音聲也；所下者，貧賤夭惡也；所苦者，身不得安逸，口不得厚味，形不得美服，目不得好色，耳不得音聲。」(〈至樂〉)，不但缺乏主宰又依賴外在的世界，「百骸、九竅、六藏，賅而存焉，吾誰與為親？汝皆說之乎？其有私焉？如是皆有為臣妾乎？其臣妾不足以相治乎？其遞相為君臣乎？其有真君存焉？」(〈齊物論〉)。其次，常用機心來算計、評價，藉以達致目的，「有機械者必有機事，有機事者必有機心。機心存於胸中，則純白不備；純白不備，則神生不定，神生不定者，道之所不載也。」

〔註12〕葛瑞．雷納（Gary R. Renard）著，若水（劉巧玲）譯，《告別娑婆》，3 版（台北：奇蹟，2007），頁 226。

〔註13〕成玄英《疏》云：「方將為夢之時，不知夢之是夢，亦猶方將處死之日，不知死之為死。各適其志，何所戀哉！」

（〈天地〉），然而這諸多感官經驗，於莊子而言都是夢中的「我」的感受。方東美稱之爲「妄我」〔註 14〕，沈清松則稱爲「經驗我」〔註 15〕，並分析「經驗我」含有相對與選取的特性：

> 1、相對性：經驗我乃相對於外在世界而有，有對偶者，其主宰義並不充分，反而經常依賴外在世界。就經驗我而言，假如沒有外在世界，就不會自覺有我。自我在此乃一與他物同在，並經由他物而返回自己的過程，就此而言，經驗我是相對的。

> 2、選取性：經驗我亦根據自己的好惡來選取外在世界所能提供之苦樂。如果沒有經驗我，亦無從對經驗與進行選取收受，就此而言，經驗我是選取的。

換言之，經驗我是一種相對性和選取性的主體，也由於夢中「經驗我」如此之眞實，所以常有種種的迷妄，全以自己的身體、意識、主觀思想爲中心〔註 16〕，因此莊子才會提示說：愚癡的人們啊！在夢裡卻自以爲醒著，好似自己知道一切。「且有大覺而後知此其大夢也，而愚者自以爲覺，竊竊然知之。」（〈齊物論〉）成玄英《疏》云：「夫擾擾生民，芸芸群品，馳騖有爲之境，昏迷大夢之中，唯有體道聖人，朗然獨覺，知夫患慮在懷者未寤也。」〔註 17〕唯有大覺體道之後，才朗現明白一輩子其實都是一場夢。

二、修道者的態度

當我們知覺現世的一切困境而想超越妄我而冥合於道，與道合一時，莊子先從修道者的心態上著手，建議修道者在消極面上是「官知止」、「無情」，積極面上是「用心若鏡」。

（一）官知止

先從感官的世界解脫出來，「徇耳目內通而外於心知。」（〈人間世〉）向內通達而不以心知，「以神遇而不以目視，官知止而神欲行」（〈養生主〉）。成

〔註14〕方東美著，孫智燊譯，《中國哲學之精神及其發展》，（台北：成鈞，1984），頁 195～196。

〔註15〕沈清松，〈莊子的人觀〉，《哲學與文化》14 卷 6 期，（1988 年 6 月），頁 16～21。

〔註16〕方東美，《原始儒家道家哲學》（台北：黎明，1984），頁 264。

〔註17〕郭慶藩輯，《莊子集釋（上）》，頁 105。

玄英《疏》說：「學道之人，妙契至極，推心靈以虛照，豈用眼以取塵也！」又說：「官者，主司之謂也；謂目主於色耳司於聲之類是也。既而神遇，不用目視故眼等主司，悉皆停廢，從心所欲，順理而行。」〔註18〕以心靈去體會而不是用肉眼去注視，感官知覺作用停止，而從心所欲，順理而行。

感官知覺作用的對象是「物」，「言之所盡，知之所至，極物而已。」（〈則陽〉），它會變動、有限，無一致的判斷準則，且會防礙對道的體會，所以感官知覺所認知的被莊子視為「小知」，對於「小知」需要「去小知而大知明」（〈外物〉），印度詩人泰戈爾（Tagore）對感官的世界也有如此的認識：「人的心智有它的限度，感官是如此地執著眼前之物；然而我們內有一種一體式的靈性，超越理性的思想，超越身體感官的活動，它能在當下一刻負載整個永恆，因著它的存在，生命的靈感催迫著生命的動能不斷向前。」所以至少在消極面上應先使感官知覺作用暫停。

（二）無情

無情是使自己得不以情傷身，也就是說，並非像是木石無感於心中，而是不以自己的好惡緣慮分別而損傷身心，順應自然的變化，不以人為的方式增益生命。因此莊子說：「無情者，言人之不以好惡內傷其身，常因自然而不益生也。」（〈德充符〉）成玄英《疏》說：「莊子所謂無情者，非木石其懷也，止言不以好惡緣慮分外，遂成性而內理其身者也。何則？蘊虛照之智，無情之情也。」〔註19〕

我們有人的形體，但無人的好惡緣慮分別；因有人的形體，所以群聚在這世間。沒有人的好惡緣慮分別，是非偏執便不會入於心中。一方面我們真的很渺小，這是因為我們有屬於人的形體，所以常從人的形體這「自我」的角度去看世界，形成物我對立，但另一方面，我們也很偉大，因為我們能超越人而與道合一。「有人之形，無人之情。有人之形，故群於人；無人之情，故是非不得於身。眇乎小哉，所以屬於人也！警乎大哉，獨成其天！」（〈德充符〉）成玄英《疏》云：「警然大教，萬境都忘，智德高深，凝照弘遠。故歎美大人，獨成自然之至。」〔註20〕人之所以可以偉大，是因為我們能超越形體追求而與道冥合。

〔註18〕同上著作，頁120。
〔註19〕郭慶藩輯，《莊子集釋（上）》，頁222。
〔註20〕同上著作，頁220。

（三）用心若鏡

上述「官知止」與「無情」是較從消極面上談修道者之應有心態，但莊子也有從「用心若鏡」一語來道出修道者在心態上的較積極面，他說：

> 無為名尸，無為謀府；無為事任，無為知主。體盡無窮，而遊無朕；
> 盡其所受乎天，而無見得，亦虛而已。至人之用心若鏡，不將不迎，
> 應而不藏，故能勝物而不傷。（〈應帝王〉）

此數語大意是：忘掉聲名，不要做虛名的主人；虛淡無心，不要做謀慮的智囊；讓物自為，不要讓俗事成為自己的負擔；忘心絕慮，不要讓聰明才智所主使。體悟大道的無窮無盡，逍遙遊於無崖無跡之地；盡其接受所稟賦的天性，不要以為有所得，一切都是虛。至人用心像一面鏡子一樣，對萬物去來而不迎送，來者真實的反映它，必不隱藏，所以萬物有生滅，而鏡無隱顯，這樣才能超越萬物，消除物我對立而不被物所傷。

有關「用心若鏡、不將不迎」，成玄英《疏》云：「將，送也。夫物有去來而鏡無迎送，來者即照，必不隱藏。亦猶聖智虛凝，並幽不燭，物感斯應，應不以心，既無將迎，豈有情於隱匿哉！」又說：「夫物有生滅，而鏡無隱顯，故常能照物而物不能傷。」〔註21〕鏡的目的是反影映照，如果我們能讓外物在心中不變形、不扭曲的如實呈現，那表示我們有一「不將不迎的虛靈道心，並以此道心之虛之靈因任隨順於天下，使物我宜、兩不相傷。」〔註22〕

水與鏡是相同之喻，如「人莫鑑於流水而鑑於止水，唯止能止眾止。」（〈德充符〉）又如「水靜則明燭鬚眉，平中準，大匠取法焉。水靜猶明，而況精神！聖人之心靜乎！天地之鑑也，萬物之鏡也。」（〈天道〉）皆是莊子用心用鏡來形容修道者的心境，首先虛空自我不帶任何自我主觀意識，其次才能如實地反映外物，而不會被外物所干擾，最後藉「心齋」、「坐忘」、「守」、「外生」修道的途徑，與道合一。

第二節　與莊子懇談「適」應目標

修行既有其最終目標，而目標又支配修行之方法與途徑，所以修行者會因應其目標而開出其途徑。

〔註21〕郭慶藩輯，《莊子集釋（上）》，頁309。
〔註22〕陳德和，《道家思想的哲學詮釋》，（台北：里仁，2005），頁137。

　　回顧第一、二章之分析，莊子修行之最終目標在於「上與造物者遊」、「獨與天地精神往來」，按〈天下〉篇所提示莊子之神祕修行以「有神論」作為首要前提，但不排斥「自然論」、「一元論」與「巫祝論」說法。因此因應此目標而開出之途徑乃以「有神論」之修行方法為主，但仍融貫「自然論」、「一元論」與「巫祝論」之修行法。

　　莊子「有神論」型態並不排斥「自然論」型態，乃因超越的「造物者——神」可以同時是既超越又內在，也就是內在於受造物而與萬物一起經歷變動。成玄英《疏》莊子〈天下〉篇「芴漠無形，變化無常」二語，就說最高本體一方面超出萬物之變動而為「寂然不動」之「常」，另一方面又內在於萬物之變動而跡隨物化。成玄英《疏》云：「妙本無形，故寂漠也；跡隨物化，故無常也。」〔註23〕為此，〈田子方〉的「至陰肅肅，至陽赫赫。肅肅出乎天，赫赫發乎地。兩者交通成和而物生焉」，〈至樂〉的「察其始而本無生；非徒無生也，而本無形；非徒無形也，而本無氣。雜乎芒芴之間，變而有氣，氣變而有形，形變而有生。今又變而之死，是相與為春秋冬夏四時行也。」可被理解為道體內在於萬物之變化，而不與「有神論」說法衝突。另外尚有〈知北遊〉的「物物者非物，物出不得先物也。」以及〈天地〉篇「泰初有無，無有無名。一之所起，有一而未形。物得以生，謂之德。」等語來連貫「有神論」與「自然論」的說法。

　　莊子「有神論」型態也不排斥「一元論」型態，到底有靈性位格之「造物者」可以不顯其位於面，而以「絕對境界」的方式來被人所體會。例如印度教之「大梵天」就時而被理解為「絕對境界」，也時而被體證為含靈智性的「神」。《莊子》內文也時稱「造物者」為「道」，「造物者」有靈性位格意含，「道」較凸顯絕對者為一無限境域，如〈大宗師〉以「夫道有情有性」一語來連貫「道」與含性情位格之「造物者」。

　　莊子「有神論」型態亦不排斥「巫祝論」型態，因「有神論」承認有一至高無上之「造物者」，而「巫祝論」在多神崇拜中也不忘懷有一至上神，例如張亨與聞一多即分析莊子之「造物者」疑是楚巫所崇拜之至上神「東皇太一」。〔註24〕

　　自然論者的修行途徑沒有特定修行方式，因其經驗為與生俱來；一元論者較重自力修行，也較為主動，例有佛家有禪修的工夫；而巫祝論者自力與他力修行參半，乃間於自然論、一元論與有神論的修行方法之間。

〔註23〕郭慶藩輯，《莊子集釋（下）》，頁1099。
〔註24〕見第一章。

典型「有神論」特色，較重他力，依賴神的提拔，較爲被動，以聖十字若望與聖大德蘭爲例，其特色之一是靈修程度愈高，則愈「被動」，如聖十字若望所說的「心靈被動之夜」，換言之，靈修境界愈高，愈受「神」帶領，而人無法「揠苗助長」，然而莊子的修行法是否有此「被動面」？此問題我們留待第四節中討論，嘗試找出答案。

「有神論」的另一個特色是從主動的「默想」（Meditation）至被動的「默觀」（Contemplation），然莊子之修行途徑上，也因應地充滿著「主動」、「有爲」之方法，我們將在第三節中討論莊子修行途徑上含較主動面之方法，例如「心齋」、「坐忘」、「守」、「外生」等。

第三節　與莊子懇談往「上」超越

莊子雖以「上與造物者遊」爲最終目標，然「造物者」之涵義並不排斥「一元論」之義的道體與楚國「巫祝」之義的東皇太一，所以其修行途徑有「一元論」與「巫祝論」的特色，標榜「主動」、「有爲」之修練工夫，亦即「坐忘」、「心齋」、「守」、「學習」等方法。茲從「坐忘」說起，來逐步交待莊子所提示的途徑。

一、坐忘

在〈大宗師〉中提到的修道工夫是坐忘，莊子透過顏回與孔子的這段寓言故事「忘」來表達坐忘的過程與境界：

> 顏回曰：「回益矣。」仲尼曰：「何謂也？」曰：「回忘仁義矣！」曰：「可矣，猶未也。」他日復見，曰：「回益矣。」曰：「何謂也？」曰：「回忘禮樂矣」。曰：「可矣，猶未也。」他日復見，曰：「回益矣！」曰：「何謂也？」曰：「回坐忘矣。」仲尼蹴然曰：「何謂坐忘？」顏回曰：「墮肢體，黜聰明，離形去知，同於大通，此謂坐忘。」仲尼曰：「同則無好也，化則無常也。而果其賢乎！丘也請從而後也。」

這段文字表面上是說坐忘，內裡卻有挖苦孔子的意思，認爲孔子強調仁義禮樂的不當，但這並不表示莊子對孔子的個人有偏見，主要是莊子不贊同孔子的那套仁義禮樂的主張。莊子認爲的坐忘實是擺脫了心種種有形相的計度預謀、分別妄執，以回歸向靈台心的虛靈明覺，對道的觀照。仁義禮樂在莊子

眼中，都是足以桎梏人的心靈自由。〔註25〕這段文字也表示了三個階段的忘，表達修養的三個進程，只要「忘」對於「知」超越愈多，其所達到的境界也愈進一層。顏回的境界，先是忘仁義，接著忘禮樂，最後終於達到「坐忘」。「仁義是較為普遍（也較為抽象）的原則或理想，禮樂是較為具體（也較為落實）的操作成規範。」〔註26〕所以忘仁義是超越了仁義之知，不受內在倫理要求的束縛；忘禮樂是超越了禮樂之知，不受外在規範的束縛。

「墮肢體，黜聰明，離形去知」成玄英《疏》云：「既悟一身非有，萬境皆空，故能毀廢四肢百體，屏黜聰明心智者也。」〔註27〕「墮肢體，黜聰明」表示心的作用被克服，不再出現以智巧聰明去計較執取肢體的形相而成的主客對峙局面，所以才能「離形去知」。〔註28〕至於「坐忘」，除了擺脫強加於人身上的限制，還能忘掉肢體，忘掉聰明，是整個化解自我，不再起任何形式的知的作用，即是達形若槁木，心若死灰的狀態，亦即是對一切的超越而與造物者遊，所以能達到「同於大通」道的境界。成玄英《疏》云：「大通，猶大道也。道能通生萬物，故謂道為大通也。外則離析於形體，一一虛假，此解墮肢體也。內則除去心識，怳然無知，此解黜聰明也。既而枯木死灰，冥同大道，如此之益，謂之坐忘。」〔註29〕外表忘卻肢體形相，內心去除心識，無聰明智巧，無我喪我而冥合於道，即是莊子的「坐忘」。

以上三階段可知莊子對忘是由外而內，由具體而抽象，層次性的使自我提升轉化，也表達了一個修道人從具體的外在規範束縛中解脫，並超越自己內在倫理的要求，目的在於達到精神上無待的渾沌狀態。所以莊子說「不忘其所始，不求其所終；受而喜之，忘而復之，是之謂不以心損道，不以人助天，是之謂真人」（〈大宗師〉）。陳鼓應則註釋說：「不忘記他自己的來源，也不追求他自己的歸宿；事情來了欣然接受，忘掉死生任其復返自然，這就是不用心智去損害道，不用人的作為去輔助天然。」〔註30〕這就是所謂的真人。其實莊子要說

〔註25〕吳汝鈞，《老莊哲學的現代析論》，頁99。
〔註26〕許多研究《莊子》的學者以為應該先忘禮樂再忘仁義，這點是值得參考，不過，也有其他的學者，如傅佩榮就認為「由於一般人忘仁義較易，忘禮樂較難，而忘記自我更是難上加難。所以，不必更改其順序。」參閱傅佩榮，《解讀莊子》，（台北：立緒，2002），頁124。
〔註27〕郭慶藩輯，《莊子集釋（上）》，頁285。
〔註28〕吳汝鈞，《老莊哲學的現代析論》，頁99。
〔註29〕同上。
〔註30〕陳鼓應註譯，《莊子今註今譯（上）》，頁195。

的是讓心回到最初本然的狀態，「忘而復之」之究竟意涵在於我們透過「忘」
而擺脫外在事物之影響，使我們由心思紛擾中超離出來，而回復到精神上無待
的境界，而且「人在見道的剎那，個體融入於道體『同於大通』，在『坐忘』
的忘我中，體驗到道體的朗現，且與我冥合爲一；即使我並不因此而消失了小
我，但我不再與大我對立，而安享著一份結合的融洽。」〔註31〕

二、心齋

莊子說：

> 若一志，無聽之以耳而聽之以心〔註32〕，無聽之以心而聽之以氣！聽
> 止於耳〔註33〕，心止於符〔註34〕。氣也者，虛而待物者也〔註35〕。唯
> 道集虛。虛者，心齋也。（〈人間世〉）

其大意是：專心一志，先不以耳去聽，而要用心去聽。接著不以心去聽，而
要用氣去聽。耳不聽，心不起緣慮與外境相合。氣無情慮才能柔弱虛空而應
對萬物。只有眞道存在於虛空的境界中，所以虛空者就是所謂的心齋。

關於「心齋」是「虛」，「虛」是「氣」的問題，成玄英《疏》云：「心有
知覺，猶起攀緣；氣無情慮，虛柔任物。故去彼知覺，取此虛柔，遣之又遣，
漸階玄妙也乎！」、「唯此眞道，集在虛心。故如虛心者。心齋妙道也。」〔註
36〕當代學者徐復觀認爲氣是「心的某種狀態的比擬之詞」〔註37〕，牟宗三則
認爲氣不必然是心齋，心齋所呈現的是順氣的自然流通〔註38〕，陳鼓應表示
氣就是高度修養境界的空明靈覺之心，〔註39〕而葉海煙則以成玄英所注「無
情慮」之氣，詮釋爲純正的生命精神，它能體化合變，「虛而待物」是爲善處
人間世，虛己應物。〔註40〕

〔註31〕關永中，〈「獨與天地精神往來」〉，頁151。
〔註32〕成玄英《疏》云：「耳根虛寂，不緣宮商，反聽無聲，凝神心符。」
〔註33〕成玄英《疏》云：「不著聲塵，止於聽。」
〔註34〕成玄英《疏》云：「符，合也。心起緣慮，必與境合，庶令凝寂，不復境相符。」
〔註35〕成玄英《疏》云：「如氣柔弱虛空，其心寂泊忘懷，方能應物。」
〔註36〕郭慶藩輯，《莊子集釋（上）》，頁147～8。
〔註37〕徐復觀，《中國人性論史‧先秦篇》，頁382。
〔註38〕牟宗三，《智的直覺與中國哲學》，（台北：商務，1971），頁207。
〔註39〕陳鼓應，《老莊新論》，頁177。
〔註40〕葉海煙，《莊子的生命哲學》，頁219～220。唐君毅以爲氣就是常心，見《中
　　　　國哲學原論‧原道篇》卷一，（台北：學生，1978），頁381～382。高柏園說：

　　莊子以「氣」寓意「理智在神祕經驗中所發顯的一份更高、更純、更超越的直覺，有別於理智的一般思辨推理、計慮權衡、日常智巧。誠然，理智本來就有其超越的潛能，經高度的靈修而獲得開發，發而爲對道體的直截把握，此即『智的直覺』（Intellectual Intuition），即人在排除了感性的干擾、靜止了思辨的轉折，而讓更高的直覺獲得抬頭，因而造就一份明心見性。」〔註41〕所以「氣」就功能上來說是智的直覺，就境界上來說是明心見性。

　　綜而言之，「心齋」是「虛」的歷程，使心處於虛靈的狀態，沒有情欲，也沒有經驗內容，亦即沒有關於經驗世界的種種計較、區別的知識。在此狀態下的心是靈台明覺的，正與道的虛靜相應，〔註42〕而在過程中，形而下的耳、心皆虛，「消極義在於戒除、揚棄凡俗之知；積極義在於心靈所獲得的滌淨，能因而澈視無間地與道吻合。」〔註43〕

　　上述坐忘與心齋有其關連之處，表面上是兩種途徑，實際上二者有很多相通點〔註44〕，坐忘是要重顯靈台，放棄形體與擺脫心的執著，使心靈不再計較預謀，回復靈台心的明覺而回歸於道，是比較偏重心的作用。心齋則偏重氣的作用，以氣淘洗內心的一切經驗內容，使之回歸至至虛至靜的性格，以與道相應。〈達生〉篇中「梓慶削木爲鐻」即是結合心齋與坐忘兩種修行的途徑方式，而最後與道結合才削木爲鐻。

三、「守」

　　莊子談修行途徑，尚涉及「守」的項目：守是精神專注的狀態，在專注一志的狀態下，我們對他物會視而不見，聽而不聞，知覺意識完全集中在內心中。〈大宗師〉「南伯子葵問乎女偊」一節中有以下之語：

　　　　吾猶守而告之，三日而後能外天下；已外天下矣，吾又守之，七日而
　　　　後能外物；已外物矣，吾又守之，九日而後能外生。

三日、七日、九日都是說明一個見道的歷程，也就是說在「調適而上遂」的過程中，是有一定的程序：外天下→外物→外生。成玄英《疏》云：「外，遺

　　　「『一氣之流行』只是心之虛靈純一所表現之虛而待物之境界罷了」，《莊子內
　　　七篇思想研究》，（台北：文津，1992），頁135。
〔註41〕關永中，〈「獨與天地精神往來」〉，頁122。
〔註42〕吳汝鈞，《老莊哲學的現代析論》，頁102。
〔註43〕關永中，〈「獨與天地精神往來」〉，頁123。
〔註44〕參閱吳汝鈞，《老莊哲學的現代析論》，頁103。

忘也。天下萬境疏遠，所以易忘；資身之物親近，所以難遺。」〔註 45〕首先
先對天下遺忘，因天下離己身較遠，較容易有事不干的心態；但對與自己
有關的外物，會需要較多的時日、因為相對於己身之外相關的人與物，自身
是不易擺脫的，所以這是一個入道的歷程，要先去除外在對自身的影響，才
能在精神專注的狀態下，正視自己；最後甚至連自己的生命在當下也被超越，
因而完全進入一種不知有我、有生死的精神境界之中，而這種精神狀態是因
物我不再對立，主觀我與客觀世界的限界消泯，進入一體的道中——即天人
合一的層次，在此一層次所綻放的世界是如朝陽初啓般，獨往獨來，絕待絕
對的神祕主義境界。〈大宗師〉尚有下列之語：

> 已外生矣，而後能朝徹〔註 46〕；朝徹而後能見獨〔註 47〕；見獨而後能
> 無古今〔註 48〕；無古今，而後能入於不死不生。……其為物無不將也
> 〔註 49〕，無不迎也，無不毀也，無不成也〔註 50〕。其名為攖寧〔註 51〕。
> 攖寧也者，攖而後成者也。

獨是人見道以後的精神世界〔註 52〕，「人在見道中，體驗到一切對立的消失。
在道體的絕對永恆內，體會到自己與道同久遠、同永恆、超越生死、成毀、
將迎……等對立狀態，而形成一份心靈上的純粹圓滿的安寧，謂之攖寧。」〔註
53〕這也類以神祕學家艾克哈（Meister Eckhart，約 1260～1327/8）〔註 54〕所說
的無聲的沙漠中。〔註 55〕

〔註 45〕郭慶藩輯，《莊子集釋（上）》，頁 253。

〔註 46〕成玄英《疏》云：「朝，旦也。徹，明也。死生一觀，物我兼忘，惠照豁然，
　　　　如朝陽初啓，故謂之朝徹也。」

〔註 47〕成玄英《疏》云：「夫至道凝然，妙絕言象，非無非有，不古不今，獨往獨來，
　　　　絕待絕對。觀斯勝境，謂之見獨。故老經云寂寞而不改。」

〔註 48〕成玄英《疏》云：「任造物之日新，隨變化而俱在，不為物境所遷，故無古今
　　　　之異。古今，會也。夫時有古今之異，法有生死之殊者，此蓋迷徒倒置之見
　　　　也。時既運運新新，無今無古，故法亦不去不來，無死無生者也。」

〔註 49〕成玄英《疏》云：「將，送也。夫道之為物，拯濟無方，雖復不滅不生，亦而
　　　　生而滅，是以迎無窮之生，送無量之死也。」

〔註 50〕成玄英《疏》云：「不送而送，無毀滅：不迎而迎，無不生成也。」

〔註 51〕成玄英《疏》云：「攖，擾動也。寧，寂靜也。夫聖人慈惠，道濟蒼生，妙本
　　　　無名。隨物立稱，動而常寂，雖攖而寧者也。」

〔註 52〕參閱徐復觀，《中國人性論史・先秦篇》，頁 390～391。

〔註 53〕關永中，〈「獨與天地精神往來」〉，頁 130。

〔註 54〕由於艾克哈死亡時間不詳，推斷在 1327/8 年。參閱陳德光，《艾克哈研究》，（台
　　　　北：輔大出版社，2006），頁 6～10。

〔註 55〕同上著作，頁 57。

四、學習之途

為達到「攖寧」之境，誠然有其預先暖身「學習之途」，莊子的學習不是一般知識技能的掌握，而是體道、見道、與道合一前的準備。〈大宗師〉繼續說：

> 聞諸副墨之子，副墨之子聞諸洛誦之孫，洛誦之孫聞之瞻明，瞻明聞之聶許，聶許聞之需役，需役聞之於謳，於謳聞之玄冥〔註56〕，玄冥聞之參寥〔註57〕，參寥聞之疑始〔註58〕。

成玄英《疏》云：「諸，之也。副，副貳也。墨，翰墨也；翰墨，文字也。理能生教，故謂文字為副貳也。夫魚必因筌而得，理亦因教而明，故聞之翰墨，以明先因文字得解故也。」〔註59〕「教」是明「理」之工具，如同「筌」為捕「魚」之工具，「教」是「理」的存在，而「理」也透過「教」而明白，成玄英《疏》云：「讀誦精熟，功勞積久，漸見至理，靈府分明。」〔註60〕所以透過文字語言，達致理智上的洞察瞭悟，心靈明悟覺察而揭示真理，入於道中。

莊子以一寓言提示一條透過學習的修道途徑。首先是從副墨的兒子（文字的流傳）從那裡聽到的。副墨的兒子是從洛誦的孫子（反覆的背誦）那裡聽到的。洛誦之孫是從瞻明（理智上的洞察瞭悟）那裡聽到的，瞻明是從聶許（私自的認許）那裡聽到的，聶許是從需役（勤於實踐）那裡聽到的，需役是從於謳（詠嘆謳歌而致內化於心）那裡聽到的，於謳是從玄冥（深遠幽寂）那裡聽到的，玄冥是從參寥（參悟虛無〔註61〕）那裡聽到的，參寥是從疑始（道）那裡聽到的。

副墨、洛誦等是寓言中的人名，上述的解釋是站在傳授的立場〔註62〕，但有另一派學者認為是副墨之子引申洛誦之孫，洛誦之孫再引伸出瞻明，例如杜保瑞則解釋為「從文字上獲得一些觀念，……觀念來自於一些清晰徹底

〔註56〕成玄英《疏》云：「玄者，深遠之名也。冥者，幽寂之稱。既德行內融，芳聲外顯，故漸階虛極，以至於玄冥故也。」

〔註57〕成玄英《疏》云：「參，三也。寥，絕也。一者絕有，二者絕無，三者非有非無，故謂之三絕也。夫玄冥之境，雖妙未極，故至乎三絕，方造重玄也。」

〔註58〕成玄英《疏》云：「始，本也。夫道，超此四句，離彼百非，名言道斷，心知處滅，雖復三絕，未窮其妙。而三絕之外，道之根本，謂重玄之域，眾妙之門，意亦難得而差言之矣。是以不本而本，本無所本，疑名為本，亦無的可本，故謂之疑始。」

〔註59〕郭慶藩輯，《莊子集釋（上）》，頁256。

〔註60〕同上。

〔註61〕關鋒，《莊子內篇譯解和批判》，頁243。

〔註62〕同上著作，頁221。

的領悟⋯⋯」〔註63〕

　　關永中則認為兩種解釋可合而為一為更大整體，就如同西方古典神祕主義有溢出（Exitus）與回歸（Reditus）兩路向，這兩路向也分別刻畫神祕冥合的兩個向度。

　　首先，從「溢出」的路上言，一切靈修學理，一切修行步驟，甚至靈修的存有本身，都淵源自絕對本體，以至人學道的心得都以絕對的道體為最終依歸。反之，從「回歸」的路上言，人可從文學語言的學理上著手練習，逐步達至領悟，在繼續修持，而最後達成與道冥合。⋯⋯從「回歸」的路向上反省，我們可以有如下的心得：固然，若要達致見道，人總不能純粹靠文字語言上的思辨之知來達成。但人可以藉普通思辨之知中的文字、誦讀等步驟做為踏腳石，以達致「正見」、「正思維」、進而「正行」；如此一來，人在開始修道時至少須積蓄一些有關「天道上的概念與學理，以及理解一些有關修道的指南、方法論，懂得如何去修持入定。此即佛家所言之「資糧位」也。西方中古神祕學家如十字若望（John of the Cross）等也指出初學者須藉助語言、圖像、推理默想等事理作梯階，已達致更高的心靈提昇，雖然我們早晚須丟棄這梯階。誠然，為初學道的人而言，我們總須依靠文字語言上的傳授來開始進修，以順利進入情況。可是文字的誦讀、概念式的思維、思辨的推理等作法早晚要被揚棄，要被「修持」（守一）的工夫所超越，以達致超感性、超語言、超思辨的道體本身；人早晚須讓理智心的思辨理性沉寂下來，好讓更高的智的直覺呈現，而達成見道。當人一旦見道，則心靈會有脫胎換骨的改變，造就心靈上圓滿的「櫻寧」。〔註64〕

　　印度教稱到達上帝的道有有三種主要方式：行為瑜伽（karma-yoga）、虔愛瑜伽（bhakti-yoga）與知識瑜伽（knana-yoga）〔註65〕，其中知識瑜伽即是以絕對智慧到達上帝的方法，另外佛教也講「三學，即戒學、定學、慧學」，學是學習〔註66〕，而莊子以寓言指出一條通往道的學習之路：文字的流傳→反覆的背誦→理智上的洞察瞭悟→勤於實踐→內化於心→到達玄冥、參寥、疑始，入於道中。所以學習之路是前奏，先有正確的認知與途徑，才能進一步洞察而入道。

〔註63〕杜保瑞，《莊周夢蝶》，（台北：書泉，1995），頁240。
〔註64〕關永中，〈「獨與天地精神往來」〉，頁131～2。
〔註65〕摩訶提瓦著，林煌洲譯，《印度教導論》，（台北：東大，2002），頁91。
〔註66〕印順，《成佛之道》，2版（台北：正聞，2003），頁176。

　　莊子以「上與造物者遊」、「天地與我並生，而萬物與我爲一」（〈齊物論〉）爲最高的神祕主義境界，然而這過程中，如何達成？少數的學者認爲莊子只是提示，未有實際論及操作的過程，反倒是後來道教加以延伸，莊子的「坐忘」發展出司馬承禎的《坐忘論》〔註67〕，「守」延伸出《太平經》談「守一」、「守三一」之術〔註68〕，其實莊子在工夫修養中有其以上所示清晰的「調適而上遂」的修道途徑，從心齋、坐忘、守乃至於學習一途，都是在達本返始，直致「天地與我並生，而萬物與我爲一」爲最高的天人冥合境界。

第四節　與莊子懇談「遂」本返始

　　如果莊子以「上與造物者遊」、「獨與天地精神往來」爲最終目標，而「造物者」、「天地精神」意謂「絕對心靈」、「上帝」、「神」，則莊子修行途徑應含有「有神論」修行途徑與方法之特色。所以我們先借用典型之有神論修行途徑──聖女大德蘭之靈修──作爲借鏡，來檢驗莊子是否含有「有神論」修行途徑的特色。

一、聖女大德蘭修行途徑的特色

　　首我們將聖女大德蘭所提示默觀靈修之路作說明之後，再簡要地和莊子的修行作比較。

　　（一）聖女大德蘭所提示默觀靈修之路

　　按聖女大德蘭《聖女大德蘭自傳》（The Book of Her Life）、《全德之路》（The Way of Perfection）、《七寶樓台》（The Interior Castle）所提示默觀靈修之路如下〔註69〕：

　　1、默觀的前奏（prelude to contemplation）

　　　　含心禱（mental prayer／meditation）與口禱（vocal prayer），藉此作前奏而熟悉神的言行與心意，並和神作深入的交往。

　　2、收心祈禱（prayer of active recollection）

〔註67〕 司馬承禎著，張松輝注譯，《新譯坐忘論》，（台北：三民，2005），頁 7～11。
〔註68〕 王明編，《太平經合校》，（北京：中華 1997），頁 15～16。
〔註69〕 參閱關永中，〈聖女大德蘭「靈心城堡」簡介〉《神思》，79 期（2008 年 11 月），頁 69～85。

不經思辨推理，而能聚焦心內的神而以之會晤，達致人力可及的祈禱，即是主動的收心祈禱。

3、寧靜祈禱（prayer of quiet）

分為灌注收心（infused recollection）、寧靜正境（quiet proper）與官能睡眠（sleep of the faculties）三個階段。灌注收心是由神直接灌注，人在無預警的狀態下被神碰觸，因而心靈獲得感動有「靈悅」（gustos）的徵兆；寧靜正境是人靈深度凝斂，心神醉心於對神的愛慕與凝視，其感動來去自如，人不能掌控，有時可持續一兩天而不止息；官能睡眠意謂著眾官能受神的吸引而專注於神，即使普通官能未被吊銷，至少也近似於睡眠，意志所領受的「靈悅」遠超過寧靜正境的階段，接近下一「結合祈禱」的階段。

4、結合祈禱（prayer of union），含純粹結合、超拔結合、轉化結合三階段。

（1）純粹結合（simple union）

即在心靈深處，體證到人在神內，神在人內，二者合一；人靈在無預警的狀況下被神所浸透，普通功能也暫時被神吊銷，以免人身心因經驗的震撼而受到損傷。

（2）超拔結合（ecstatic union）

不單意謂著普通功能被吊銷，且直探超越界。人起初的惶恐，會轉而為強烈的欣悅，在神往中與神融入同一份愛的鴻流，此謂「神魂超拔」。更濃的神魂超拔，可表現而為「出神」（rapture）。

（3）轉化結合（transforming union）

意謂著人靈已經歷徹底的煉淨，個體已臻於「神化」（divinized）；人在高度的成全中已與神心靈結合無間，被稱為「神婚」（spiritual marriage），是為人現世所能達致的最高結合程度，人不單在普通意識與日常操作中深深地結合著神，甚至連舉手投足之間，無不翕合主旨。

以大德蘭為典型例子，「有神論」修行途徑至少有兩大特色：特色一是靈修等級愈高，則愈「被動」，換言之，愈有賴神帶引，人不能揠苗助長。特色二是靈修進階是從主動「默想」到被動「默觀」。

（二）莊子與聖女大德蘭的修行途徑簡要比較

以莊子所提示的修行途徑「坐忘」、「心齋」、「守」、「學習」等方法與上述大德蘭的靈修方式相較。首先我們發現聖女大德蘭在默觀中，一開始是藉「心禱」與「口禱」作為媒介，以此專注於大主，這與莊子〈大宗師〉談女偶論得道時，以寓言所指出一條通往道的學習之路：文字的流傳→反覆的背誦→理智上的洞察瞭悟→勤於實踐→內化於心→到達玄冥、參寥、疑始，〔註70〕而終入於道中的學習之途的前奏兩部首──文字的流傳→反覆的背誦，是有相同的大方向。其次，〈大宗師〉「坐忘」中的「墮肢體，黜聰明，離形去知」與大德蘭的「純粹結合」與「超拔結合」兩階段中所談普通功能暫時地吊銷，也有其階段性的相似點。再者，莊子在「心齋」（〈人間世〉）中認為專心一志，不以耳聽、心聽，而用氣去聽，所表示心不起緣慮與外境相合，而以氣的無情慮才能柔弱虛空以應對萬物，因為真道存在於虛空的境界中。此與大德蘭在祈禱中，捨空自己收心而專注於神，亦有脈絡上的相同。最後所致力的目標、宗向，莊子是冥合於道，而大德蘭是與神結合，二者因中西文化與年代上的差異，所闡釋的文字雖相差極多，卻是殊途同歸，都以最高本體為最後的宗向。

以上簡要的比較中，讓我們看到二者的相似點，然而，我們還想進一步的追問，莊子修行途徑是否含有「有神論」的特色？茲往下看莊子的文本如何回應此問題。

二、莊子修行途徑含有「有神論」的特色

既然「有神論」修行途徑至少含有以上兩大特色，讓我們從〈大宗師〉和〈逍遙遊〉中看莊子是否也含此二特色。

（一）特色一是靈修等級愈高則愈「被動」

首先莊子的修行途徑也有其「無為」之暗示，「無為」相應大德蘭與聖十字若望之「被動」，以〈大宗師〉「子祀、子輿、子犁、子來四人相與語」一段來說明：

> 「夫造物者又將以予為此拘拘也。」子祀曰：「女惡之乎？」曰：「亡，予何惡！浸假而化予之左臂以為雞，予因以求時夜；浸假而化予之右

─────────────

〔註70〕原文見此章第三節。上文已對此作了分析。

> 臂以爲彈，予因以求鴞炙；浸假而化予之尻以爲輪，以神爲馬，予因
> 以乘之，豈更駕哉！且夫得者，時也；失者，順也。安時而處順，哀
> 樂不能入也，……唯命之從。」

此段雖談「外死生」，然仍凸顯對「造物者」之「唯命之從」，而不主動揠
苗助長。其次，〈逍遙遊〉中有「乘天地之正，而御六氣之辯」即在說明順
應永恆之道體，以達逍遙無待，無待即是不以有爲來損害無爲，正因其爲
「無爲」、「無待」，所以在此面向上，莊子不提出「主動」、「有爲」之修練
法，而是順應「造物者」之旨意。再者，〈大宗師〉內有一段「子桑戶、孟
子反、子琴張，三人相與友」中談到「彼方且與造物者爲人，而遊乎天地
之一氣。……忘其肝膽，遺其耳目；反覆終始，不知端倪；芒然仿徨乎塵
垢之外，逍遙乎無爲之業。……魚相忘乎江湖，人相忘乎道術……」亦在
說明對「造物者」之「無爲」。

　　（二）特色二是靈修進階是從主動「默想」至被動的「默觀」

　　「默想」（Meditation）是主動（Active）和自修（Acquired）之推理思辨工
夫，「默觀」（Contemplation）則是由神「灌注」（Infused）之祕密的「愛的知
識」。然莊子是否有這樣的特色？我們可以從第三節所討論的學習途徑，即〈大
宗師〉「南伯子葵問乎女偊」一段來看：

> 聞諸副墨之子，副墨之子聞諸洛誦之孫，洛誦之孫聞之瞻明，瞻明聞
> 之聶許，聶許聞之需役，需役聞之於謳，於謳聞之玄冥，玄冥聞之參
> 寥，參寥聞之疑始。

從文字的流傳→反覆的背誦→理智上的洞察瞭悟→勤於實踐→內化於心，這
整個過程是推理思辨的工夫，亦是「默想」，而內化於心聞之玄冥，在意識上
轉變爲出神的狀態，最後參寥、疑始，冥合最終始源，即是「默觀」。

　　由此兩特色可推論莊子的修行方法是含有「有神論」修行途徑的特色。

三、以「有神論」詮釋莊子

　　以「有神論」之「被動面」和從主動的「默想」至被動的「默觀」，這兩
面向來詮釋莊子的修行途徑是否穿鑿附會？答案是如果我們體會「造物者」、
「天地精神」意謂「絕對心靈」、「上帝」、「神」，則莊子之修行途徑應有「有
神論」特色，而不爲穿鑿附會。況且，按高達美（Hans-Georg Gadamer）《眞

理與方法》所言〔註71〕，不同年代的人向文本問不同的問題，而文本會因應不同問題而給予不同答案，所以，文本沒有一個最後、最終極與最標準之答案，我們也不可能揭盡文本所有的答案與內涵。文本如同藝術品一般，一旦被造就，其意義就超出藝術家在賦義上所能掌握之範圍，而藝術品本身也會因應不同鑑賞者之發問而凸顯新的意義與面向。

四、達本返始的境界

與道合一的境界中，莊子首先以「吾喪我」來形容主體忘掉了形體心知的我，如〈齊物論〉開宗明義的故事所指一般：

> 南郭子綦隱机而坐，仰天而噓，荅焉似喪其耦。顏成子游立侍乎前，曰：「何居乎？形固可使如槁木，而心固可使如死灰乎？今之隱机者，非昔之隱机者也？」子綦曰：「偃，不亦善乎，而問之也！今者吾喪我，汝知之乎？女聞人籟而未聞地籟，女聞地籟而未聞天籟夫！」

憨山大師注云：「吾，自指真我。喪我，謂長忘其血肉之軀也。」〔註72〕即真我從形體心知的我中超越，而以「天籟」來形容道的境界。

在〈人間世〉中見道的剎那，莊子形容是心中光明自現，一切吉祥降臨於這靜止的虛空之處，「瞻彼闋者，虛室生白，吉祥止止。」心生滿足融洽，處於無限寧靜的狀態「攖寧」。萬物再也無成與毀，所有都相通為一，亦即，「凡物無成與毀，復通為一」（〈齊物論〉），此刻我雖於天地間卻感到天地是與我共生存，萬物是與我為一體，而自己是立於道樞中，可以因應無窮的一切。

當莊子說擺脫自己的肢體，棄絕自己的聰明，離開形體，去除智慧後，忘了天下、物、與生命，便能豁然開朗，如朝陽初啟般的覺悟境界，而與萬物為一，終見大道，達神祕主義的最高峰時刻。這種與道結合的巔峰時刻，十字若望也以潔淨無瑕的玻璃被陽光所充滿〔註73〕，大德蘭則以雨水之滴進入江河，與河水合為一體〔註74〕，再分不出彼此來描繪神化的狀態來形容。不同的東、西方神祕主義家，對見道後的場景描繪都有相同的意象，只是象

〔註71〕 高達美（Hans-Georg Gadamer）著，《真理與方法》第一卷，頁149～237。
〔註72〕 憨山，《莊子內篇憨山註》，（台北：新文豐，1993），頁154。
〔註73〕 St. John of the Cross, *The Collected Works of St. John of the Cross*, pp.115～8.
〔註74〕 聖女大德來著，《七寶樓台》，頁221。

徵比喻的手法迥異，但其目的都在談到與神結合，與道合一。

　　達賴喇嘛說修行的目的是「希望克服困難，如果不能，至少問題不要干擾我們精神的祥和。」〔註75〕這是消極面上的目的，莊子提及修道的結果，至少是獲致無限的祥和與滿足，任何外在的事物不會干擾，心中沒有任何不滿足，而所有的美好也都隨之而來，「無不忘也，無不有也。澹然無極而眾美從之。」（〈刻意〉），就像「無何有之鄉，廣莫之野，彷徨乎無為其側，逍遙乎寢臥其下。」（〈逍遙遊〉），逍遙、自由、無待的確是得道者的行為表現，然而無限開放的心靈，含蘊整個宇宙，打通物我內外所有的矛盾對立，調適而上遂，獨與天地精神往來，才是莊子天人合一的奧秘。

結　語

　　此章主要論述莊子在對所面臨的人生困境的反思與回答，從「調」整心弦、「適」應目標，到往「上」超越，至最終「遂」本返始。

　　在莊子看來，所處的是天人斷裂世界，一出生就是死亡的問題，一落入塵世就會「與物相刃相靡」，處於世俗的心態更是以自己為中心的看待外物，更悲哀的是以為自己的心也會老化死亡，然而這樣如夢的現實人生，莊子提示著我們，從心態上著手，消極是「官知止」、「無情」，積極是「用心若鏡」。

　　莊子雖以「上與造物者遊」為最終目標，然「造物者」之涵義並不排斥「一元論」之義的道體與楚國「巫祝」之義的東皇太一，所以其修行途徑有「一元論」與「巫祝論」的特色，透過「主動」、「有為」之修練工夫，亦即「心齋」、「坐忘」、「守」、「學習」之實踐方法調適而上遂。

　　「有神論」修行途徑至少含有以上兩大特色特色一是靈修等級愈高則愈「被動」，特色二是靈修進階是從主動「默想」至被動的「默觀」，由以上的說明可推論莊子的修行方法是含有「有神論」修行途徑的特色。當莊子說擺脫自己的肢體，棄絕自己的聰明，離開形體，去除智慧後，忘了天下、物、與生命，便能豁然開朗，如朝陽初啟般的覺悟境界，而與萬物為一，終見大道，達神祕主義的最高峰時刻，這種與道結合的巔峰時刻，正是「上與造物者遊」、「天地與我並生，而萬物與為一」的境界。

〔註75〕達賴喇嘛著，修行的第一堂課，（台北：先覺，2005），頁194。

第四章　下與外死生無終始者爲友——莊子對神祕修行所提示的入於永恆之效用

　　此章的脈絡是在〈天下〉篇一段談莊子的理論中，所提示莊子在上與造物者遊，在下與看破生死、沒有始終分別的人做朋友。

> 獨與天地精神往來，而不敖倪於萬物；不譴是非，以與世俗處；其書雖瓖瑋而連犿，無傷也。其辭雖參差而諔詭可觀。彼其充實不可以已，上與造物者遊，而下與外生死無終始者爲友。其於本也，宏大而辟，深閎而肆；其於宗也，可謂調適而上遂矣。

針對神祕主義者如何「外死生、無終始」，需從〈大宗師〉的兩則故事說起：

　　第一則：子祀、子輿、子犁、子來四人相與語，曰：「孰能以無爲首，以生爲脊，以死爲尻；孰知死生存亡之一體者，吾與之友矣！」四人相視而笑，莫逆於心，遂相與爲友。

　　第二則：子桑戶、孟子反、子琴張三人相與語曰：「孰能相與於無相與，相爲無相爲，孰能登天遊霧，撓挑無極，相忘以生，無所終窮？」三人相視而笑，莫逆於心，遂相與爲友。

　　上述二故事蘊含以下的暗示：

一、我們須從「見道」、「得道」的前提體會外死生、無終始。

　　〈大宗師〉的全文主旨是在論述「得道」和外死生、無終始之效用，我們由〈大宗師〉的行文架構即可見出端倪。首先第一段落在論述「天人合一」，

第二段落是從「天人合一」談「見道」、「得道」，第三段落是從「見道」、「得道」論「外死生、無終始」，〔註1〕第四段落是從「外死生、無終始」談「靈魂不朽」，最後結語道爲人之主宰，眞人與道同體。

由以上段落我們可知不應忽略「見道」、「得道」這前提，而只掛空地談「外死生、無終始」，否則遺忘了引致「外死生、無終始」之主因。換言之，「見道」、「得道」是引致「外死生、無終始」之首要因由，若不從「見道」、「得道」前提看「外死生、無終始」是無從把握莊子生死觀之最後基礎。

二、兩則故事的「印心」內涵各有偏重

〈大宗師〉兩則故事類似菩薩印心，說明見道者印心之經歷。不同靈修派別有類似經驗，例如禪宗的創宗論，佛陀拈花微笑，弟子迦葉因而悟道，世尊遂付法迦葉，是爲禪宗之始。禪宗之特色爲不立言說，直指本心。〔註2〕另一例爲聖十字若望與聖女大德蘭在聖三慶典日時分享心得而雙雙神魂超拔。大德蘭驚嘆道：「不能向（十字）若望神父談及天主，他馬上會神魂超拔，而且使得別人也一起出神。」〔註3〕

〈大宗師〉的故事中首先是見道、得道者的相遇，然後端出與「見道、得道」相關之語句，之後是相遇者心智相脗合而引起共鳴，所以相視而笑、相與爲友。兩則故事各有側重的「印心」內涵，第一則的重點在於「外死生」，即超越肉體之生死，其內涵於第二節中討論。

第二則的重點則是「無終始」。人在神祕經驗中見道時，心靈會提升至一超越時間的層面，不再受制於普通時間的延展與流逝，而進入永恆的體驗，而「無終始」正是永恒時間的體驗。由於「無終始」與「外死生」共屬一「完型」（Gestalt），談其一則知其二，所以我們先略述「無終始」，而詳談「外死生」。

〔註1〕 前三段落的分法乃參閱關鋒的分章。關鋒，《莊子內篇譯解和批判》，頁 234～235。

〔註2〕 羅時憲編纂，《佛經選要》下集，（香港：金剛乘學會，1961），頁 1194。
顧偉康，《拈花微笑──禪宗的機鋒》，（台北：風雲時代，1993），頁5。

〔註3〕 St. John of the Cross, Translated by Kieran Kavanaugh, O.C.D. and Otilio Rodrigues, O.C.D. *The Collected Works of St. John of the Cross*,（ Washington, D. C.：ICS Publication, 1979）, p.30.

第一節　無終始

「無終始」一辭所蘊含之意義如下：

〈大宗師〉的「古之眞人，不知說生，不知惡死；其出不訢，其入不距；翛然而往，翛然而來而已矣。不忘其所始，不求其所終。」成玄英《疏》云：「始，生也。終，死也。」〔註4〕古時候的眞人，不知道喜悅生命，也不知厭惡死亡，出生時不喜歡，入死時不拒絕，忽然就去了，忽然來了，不忘自己的來源，也不追求自己的歸宿。換言之，即不忘「本」，不對「最後終向」作無理強求。

〈大宗師〉「夫道，有情有信，無爲無形……西王母得之，坐乎少廣，莫知其始，莫知其終。」道是眞實存在，但它是無所爲無形體……西王母得到了它，就坐在少廣之山，不復生死，所以不知始終。

〈大宗師〉的這兩段話說明了「開始」、「終結」，在表層義是凡世事在時間流變中，皆有其始末，但「終」、「始」兩字合起來之深層義意謂最究極之「本極」，即是道體，換句話說，既是「原始」，亦即是太初；是「終末」，亦即是一切之最後宗向；也是無始無終，因凡與道冥合者也入於「無始無終」。

另一方面站在人立場而言，「無終始」意謂著超出時間意識，在神祕冥合中與「道」同體，而入於「永恆」。所以，人立場之「無終始」至少含五重意義：

1、超出時間意識

2、入於永恆

3、是爲神祕見道情狀

4、是爲神祕見道效用

5、「無終始」與「外死生」共屬一「完型」（Gestalt），談其一則知其二，所以我們詳談「外死生」便會知「無終始」。

一、「無終始」是超出時間意識

人對時間之三種體驗：即普通內在時間意識、非常內在時間意識、「永恆」的時間意識。

〔註4〕郭慶藩輯，王孝魚整理，《莊子集釋（上）》，頁230。

（一）普通內在時間意識

人在日常生活中能察覺到外在事物有一規律性的延續，此世事的流變被人所衡量時，人是以時鐘的點數來衡量它的先後，聖奧古斯丁認為：時間並不等於事物的變動，因為事物的變動是被時間所衡量，而時間又是被我的心靈所衡量。我的內心有一種「內在時間意識」，它是一種「伸延」或「擴張」，就是我能在目前的一剎那中同時蘊含著對將來的期待，對現在的注視，對過去的回憶。人可以藉著這一份普通內在時間意識，而認定時鐘作為衡量的標準。所以說，時間內在於我的意識中，被我的內在時間意識所衡量，也被我的意識引用來衡量事物的變動。〔註5〕

（二）非常內在時間意識

非常內在時間意識內分長與短兩種經歷：

1、在「普通時間」內體驗一段很短的非凡經歷

人可以在意識的轉換下，在一段普通時間內體驗到一段很短的非凡經歷，但過後才發覺自己過了很長的一段普通時間。〔註6〕例如《神仙傳》所記載的「觀棋柯爛」：晉、衢州人王質，一天入山伐木，走到石室山上，石室中有幾個童子正在下棋，王質放下斧頭觀看。一個童子拿了棗核似的東西給他放在嘴裡，他就不再覺得飢渴。一會兒，童子說：你在這裡已經很久了，應該回家去吧！王質拿起斧頭，發覺木柄已經爛掉，……下山回家，發覺人間已過了好幾百年。〔註7〕

2、在「普通時間」內體驗一段很長的非凡經歷

人可以在一段很短的普通時間內體驗到很多很詳細的見聞與感受，而所見聞與感受的內容，如果放置在一般的普通意識狀態下，則會耗費很長的一段時間。例如《非時間剎那》中亞倫「述說自己有一天在聽貝多芬第七交響曲的其中兩個音符中間，就在這一剎那中體驗了極豐富而詳細的經驗；他看到一個銀圈，發覺自己經過它而進入一個很長的通道，然後在通道的另一盡

〔註5〕關永中，〈死亡的一剎那〉《哲學與文化》，24卷6、7期（1997年6月），頁513～515。
　　　　Ladislaus Boros, *Moment of Truth:Mysterium Mortis,*（London: Burns & Oates, 1969）, pp.4～8.
〔註6〕關永中，《神話與時間》，（台北：台灣書局，1997），頁190。
〔註7〕同上著作，頁286。

頭見到燦爛的金光，這使他的心境湧現一份極大的安詳，他整個地投奔向金光，與之冥合，在玄同彼我的狀態下消失了彼此的對立……。」〔註8〕以亞倫的經歷，人在高峰經驗中所體驗到的感受，是無法用普通時間作爲衡量的標準，不過有永恆的意識是一種更徹底的意識。

至於「永恆的時間意識」是一種更徹底的意識，我們將詳細討論如下。

二、「無終始」是入於永恆

史泰斯對永恆的說法是：「永恆並不是時間的無止境地伸延，它與時間無關。永恆是神祕經驗的一個特性。……在神祕經驗中，時間消失淨盡而不再被察覺。……這永恆的體驗是非時間的，因爲在其中再沒有先後的關聯與分割。」〔註9〕人在神祕經驗中會完全超越了時間意識，我們可以從兩個面向去觀察「永恆」：

（一）消極面上說是時間的消失，因爲它超越了時間的流轉，不再參與時間的擴延。〔註10〕人在與道冥合的狀態當中，再也感受不到時間的遷流，時間已爲他終止，他所接觸的永恆，並不是時間的無限延伸，而是時間的消失。〔註11〕

（二）積極面上說是時間的圓滿，因爲在其中人圓滿地保有時間的整體。〔註12〕在永恆的狀態中，人感受不到時間的遷流是因爲已經整體地把握時間的過去、現在、未來，而這一切變成了一個充實的「現在」。在這永恆的現在中，已整體地把握存有本身，〔註13〕而「無終始」正是永恆時間的體驗。

爲人而言，「永恆」是爲神祕見道情狀，又是爲神祕見道效用。

三、「永恆」是爲神祕見道情狀

入於永恆是爲神祕見道情狀，聖十字若望與聖女大德蘭對神祕見道的「出

〔註8〕同上註，頁190。
〔註9〕Stace , W. T., *Time & Eternity*, New York: Greenwood Press, reprinted 1969, p76.
　　　　關永中，《神話與時間》，頁192。
〔註10〕關永中，《神話與時間》，頁151～152。
〔註11〕關永中，〈死亡的一刹那〉《哲學與文化》，頁514。
〔註12〕關永中，《神話與時間》，頁151～152。
〔註13〕關永中，〈死亡的一刹那〉《哲學與文化》，頁514。

神」情狀皆有深刻的描繪。聖十字若望在《攀登加爾默羅山》中這樣的描述著：在極度深入的默觀中，整個心靈都被浸潤在超越圓滿的境界內，再也感受不到時間的遷流，時間已為他失去了意義，他只享受著永恆的湧現，身處其中，不覺時間已過。〔註14〕聖女大德蘭於《七寶樓台》〔註15〕和《自傳》〔註16〕中，以「出神」（rapture）來描繪神祕見道情狀。

「出神」凸顯神魂超拔的更激烈狀態：即心智被神帶走時，其肉體會停止呼吸，身手冰冷，表面看似暫時的死亡；她除了如莊子所形容「形如槁木，心若死灰」的狀態以外，尚有以下的現象被察覺：

（一）無預警下被觸發——「出神」狀態甚至可以不在祈禱中發生；個人可因某些機緣如看到聖像、聽聖樂等而深受感動，或是神突然在心內點燃起愛火等等。

（二）愛火熾烈——人的意志充滿著愛火，且愈發熾烈。

（三）明心見性——人的理智直覺到極深的光照，且從未如此清明地覺醒。他不必用思辨或圖像，而能直截地了悟神的真理。人先前即使並未談論過神的奧祕，至此也會深深地明晰、信仰並敬拜神。

（四）神力往上牽引——人體會到自己被神強力地往上拉拔，致使心靈如同老鷹般，向高處飛翔，影響所及，甚至連肉體也可因而騰空提昇起來。

（五）不持續——在出神中，人不再意識時間的流溢，但到底這份經驗並不會持續。以普通經驗的時間體會來衡量，它也只是曇花一現而已。

（六）效用——人出神後不久，意志仍保持著熱烈的愛火，而理智也因明心見性而歎為觀止、久久不能自已。今後，人會更精進地在各方面邁進於德，只是人靈並不因此絕對安全，他仍可跌倒；為此不可不慎，並須全心依賴上主的助佑。

「出神」蘊含著「休止」、「神移」、「天人間愛的深繫」等要素。大德蘭以燒紅的鐵做類比：「結合」類比火鐵交融，而「出神」卻像溶鐵隨火飛舞，

〔註14〕 St. John of the Cross, *The Collected Works of St. John of the Cross*, pp.145～146.
〔註15〕 聖女大德來著，趙雅博譯，《七寶樓台》，頁114～210。
〔註16〕 聖女大德蘭著，趙雅博譯，《聖女耶穌大德蘭自傳》，4版（台北：慈幼，1994），頁117～123、132～144。

往上爆裂，甚至噴射出來。那就是說，「結合」的經驗，不論自始至終，都兌現在心靈的深處，人仍停留在地上，即使手足難以動彈；反之，「出神」則是靈魂似乎不再賦予肉體生命，心神被神拉拔，以致連身體也時而呈現騰空狀態。然而神魂超拔狹義化爲「出神」，則是其更湛深的程度，爲此，「出神」不是神祕經驗的附屬現象，所附屬的只是肉身的反應而已〔註17〕。

由聖十字若望與聖女大德蘭對出神的描繪，可見神祕見道的情狀。

四、「永恆」是爲神祕見道效用

「永恆」既是神祕見道情狀，又是效用，聖十字若望認爲神祕見道效用即是達「神化」之境者，常在意識轉變中與神結合，但不影響日常生活。〔註18〕

「轉化結合」（transforming union）是爲聖女大德蘭神祕見道效用〔註19〕。「轉化結合」同時寓意著神的湛深臨在與人靈的徹底神化，其中還蘊含著極深度的愛與光照、在人靈核心中極度平安與喜樂中兌現。〔註20〕

五、「無終始」與「外死生」共屬一「完型」

體證「無終始」的人，就會「外死生」，二者是同一回事的兩面。誠然，能「超時間、入永恆」則世間時間上之「生死」就沒有什麼可怕。

「無終始」已入於「永恆」之境。神祕主義者在見道、得道中所獲致的效用，不但可以化解對所知境物與能知心識之產物的執著，甚至可以因「外生死」化解對個人肉體生命之執著，而「無終始」也意寓著在永恆中時間的消失，得道者在見道中處於「超越時間」的意識狀態，因此「無終始」既是見道的情狀，同時也是見道後的效用，得道者日後常可藉著「見道」而一再入於「永恆」的狀態，另外也與其他得道者的心靈引起共鳴，所以彼此會「相視而笑」、「相與爲友」。

〔註17〕 Fr. Theophilus, OCD, "Mystical Ecstasy according to St. Teresa" in *St. Teresa of Avila: Studies in her Life, Doctrine & Times*. Edited by Fr. Thomas & Fr. Gabriel，（Westminster, Maryland: The Newman Press, 1963），p.143.

〔註18〕 St. John of the Cross, *The Collected Works of St. John of the Cross*, pp.497,512.

〔註19〕 Fr. Ermanno, OCD, "The Degrees of Teresian Prayer" in *St. Teresa of Avila: Studies in her Life, Doctrine and Time*, p. 98.

〔註20〕 聖女大德來著，趙雅博譯，《七寶樓台》，頁 211～247。

第二節　莊子生死觀之辯證

莊子「超生死」的主要原因，也是內在因素，是因「見道」而產生「超生死」的效用。〈天下〉篇說「上與造物者遊，而下與外生死無終始者爲友」，乃至〈大宗師〉的「見獨而後能無古今；無古今，而後能入於不死不生。殺生者不死，生生者不生」，以及〈齊物論〉言「至人神矣！……死生無變於己……」都是以得道者的「見道」經驗爲前提，此乃同時寓意著以「見道」經驗爲因，而引申出超越生死爲果。換言之，莊子「超生死」觀點的主要因素，乃是由於「見道」的神祕經驗所致。得道者，因在見道中，與道同體，以致面對身外之物而言可以平齊物論；面對個人生命而言，可以超越生死。

莊子「超生死」的次要原因，亦即其他的外在因素有時間、空間與前人的因素。

1、時間因素

莊子生於戰國兵荒馬亂的世代，所以藉「亡國之事、斧鉞之誅……凍餒之患」（〈至樂〉）亡國亂事，斧鐵誅殺、凍餓災禍，而正視死生問題。

2、空間因素

莊子生於宋，當時的文化尚鬼神。宋與楚近，楚國富南方色彩，尚玄思〔註21〕，莊子受楚人思想之影響甚多〔註22〕。魏國當時是惠王治國，連年構兵，死傷無數。

這些外在的因素足以喚起莊子正視生死奧祕的思潮。

3、前人因素

莊子往往借用孔子、老子、列子、楊子之口談生死，〈天下〉篇也有從死生之觀點評論各家的思想，所以顯示出前人的生死觀多少震撼著莊子的心靈。

多數人提及莊子生死觀，往往只注意其「不悅生、不惡死」、「死生爲一條」、「一生死」等論點，因此容易引起錯覺以爲莊子對生命的不珍惜，對死亡感到麻木。然而莊子的生死觀是含有一正、反、合的辯證，此辯證類比黑格爾的辯證法〔註23〕，只是黑格爾式的辯證法「反」是走向反面，而莊子辯證中的「反」不必然與「正」背反，「反」可以是「正」之補充，「正」與「反」

〔註21〕文崇一，《楚文化研究》，（台北：三民，1990），頁 173～198。

〔註22〕馮友蘭，《中國哲學史（上）》，頁 165～166。

〔註23〕謝幼偉著，〈黑格爾的辯證法〉，收入於《黑格爾哲學論文集》，2 版（台北：中華，1956），頁 1～26。

只是同一整體之不同面向。

正：「悅生」惡死，是對生命的珍惜。

反：「悅死」惡生，是對死亡不麻木、不排斥。

合：「不悅生、不惡死」是在更高的整體上超越生死、無生死。

以上三者不彼此排斥，而是相輔相成，共同形成莊子生死觀的三個向度。

一、悅生惡死

莊子不但是愛惜生命，對生命還主張守中順性、韜光養晦的觀點來養生。

（一）「悅生」的喻言

「悅生」是對生命的珍惜，恰如有過瀕死經驗的人，往後非但不怕死，還更珍惜生命。〔註24〕

我們從下列篇章可以看到莊子談「悅生」的喻言：

> 1、莊子釣於濮水，楚王使大夫二人往先焉，曰：「願以竟內累矣！」莊子持竿不顧，曰：「吾聞楚有神龜，死已三千歲矣，王巾笥而藏之廟堂之上。此龜者，寧其死爲留骨而貴乎？寧其生而曳尾於塗中乎？」二大夫曰：「寧生而曳尾塗中。」莊子曰：「往矣！吾將曳尾於塗中。」（〈秋水〉）

成玄英《疏》云：「『此龜者寧全生遠害，曳尾於泥塗之中？豈欲剞骨留名，取貴廟堂之上邪？』是以莊子深達斯情，故敖然而不顧之矣。」〔註25〕

神龜寧可拖著尾巴在泥土裡走，也不願死去才留著骨骸置於廟堂之上供人崇仰，由此可見，莊子愛惜生命，無異於常人。

> 2、或聘於莊子，莊子應其使曰：「子見夫犧牛乎？衣以文繡，食以芻叔，及其牽而入於大廟，雖欲爲孤犢，其可得乎！」（〈列禦寇〉）

成玄英《疏》云：「犧養豐贍，臨祭日求爲孤犢不可得也。況祿食之人，例多夭折，嘉遁之士，方足全生。莊子清高，笑彼名利。」〔註26〕莊子借犧牛之喻來說明自己不欲因高官厚祿，而招致殺身之禍。換言之，生命是重於功名

〔註24〕 Moody,Raymond A., Reflection On Life After Life, N.Y.:Bantam, reprinted 1976, p.44.關永中，〈瀕死──雷蒙・穆迪《生後之生》的啓示〉《輔仁宗教研究》第 3 期，（2001 年夏），頁 69～70

〔註25〕 郭慶藩輯，王孝魚整理，《莊子集釋（上）》，頁 604。

〔註26〕 郭慶藩輯，王孝魚整理，《莊子集釋（下）》，頁 1063。

利祿。

> 3、祝宗人玄端以臨牢筴，說彘曰：「汝奚惡死！吾將三月豢汝，十日
> 戒，三日齊，藉白茅，加汝肩尻乎雕俎之上，則汝爲之乎？」爲彘謀
> 曰：「不如食以糠糟而錯之牢柙之中。」自爲謀，則苟生有軒冕之尊，
> 死得於腞楯之上、聚僂之中則爲之。爲彘謀則去之，自爲謀則取之，
> 所異彘者何也！（〈達生〉）

豬若貪慕瞬息之豢養，則禍必及其；人須逃避瞬息之厚祿，以保生全身。

　　從以上三例我們可以看出，莊子不但愛惜生命，甚至避免外在的功名厚
祿危及自身，其「悅生」的態度由此可見。

　　（二）莊子所主張的養生之道

　　莊子的養生之道，在於守中順性與韜光養晦兩方面。

　　1、守中順性

　　守中順性可分守中、順性兩面向。

　　（1）**守中**

　　養生首要在中道。〈達生〉篇說：「善養生者，若牧羊然，視其後者而鞭
之。」郭象注云：「鞭其後者，去其不及也。」成玄英《疏》云：「養生譬之
牧羊，鞭其後者，令其折中。」〔註 27〕養生像牧羊一樣，看最後的一隻就用
鞭趕牠，意寓著不走極端，使其折中。所以養生在乎於避免「過」與「不及」，
以及起居行事務求折中。

　　〈達生〉篇另有舉例：

> 「魯有單豹者，巖居而水飲，不與民共利，行年七十而猶有嬰兒之色，
> 不幸遇餓虎，餓虎殺而食之。有張毅者，高門縣薄，無不走也，行年
> 四十而有內熱之病以死。豹養其內而虎食其外，毅養其外而病攻其內。
> 此二子者，皆不鞭其後者也。」仲尼曰：「無入而藏，無出而陽，柴立
> 其中央。三者若得，其名必極……。」

成玄英《疏》云：「不滯於出，不滯於處，出處雙遣，如槁木之無情，妙捨二
邊，而獨立於一中之道。」〔註 28〕豹因偏內、張毅偏外，二者在兩端而未謹
守中道，所以招致殺身之禍。養生乃在於守中道，且勿「過」與「不及」。〈養

〔註27〕郭慶藩輯，王孝魚整理，《莊子集釋（上）》，頁 645。
〔註28〕郭慶藩輯，王孝魚整理，《莊子集釋（上）》，頁 647。

生主〉提出：「緣督以爲經，可以保身，可以全生，可以養親，可以盡年。」
「緣督以爲經」即是順著中道而行事。人體之督脈是眾經脈的中間路線，因
此以「督」寓中道。郭象注曰：「順中以爲常也。」〔註29〕換言之，去除偏執，
適中處事即可以保身、全生、盡年。

　　〈養生主〉又有舉一例：「庖丁爲文惠君解牛……依乎天理……因其固
然……得養生焉。」「依乎天理」是依隨天然之理，而不胡作妄爲。換言之，
即使處於錯綜複雜的際遇，也不致傷生害性。如庖丁之以純熟的技巧，手刃
數千頭牛，雖經十九年，刀刃仍然鋒利無比，而牛隻也無不迎刃而解。此全
是因爲庖丁能全心貫注、避重就輕，只順著牛筋骨間之空隙上著力，故能得
心應手，無往不利。而「因其固然」落實在人生命爲率循性情，即順人之性。

（2）順性

〈至樂〉篇有一喻

　　昔者海鳥止於魯郊，魯侯御而觴之於廟，奏九韶以爲樂，具太牢以爲
　　膳。鳥乃眩視憂悲，不敢食一臠，不敢飲一杯，三日而死。此以己養
　　養鳥也，非以鳥養養鳥也。夫以鳥養養鳥者，宜棲之深林，游之壇陸，
　　浮之江湖，食之鰍鰷，隨行列而止，委蛇而處。彼唯人言之惡聞，奚
　　以夫譊譊爲乎！咸池九韶之樂，張之洞庭之野，鳥聞之而飛，獸聞之
　　而走，魚聞之而下入，人卒聞之，相與還而觀之。魚處水而生，人處
　　水而死。彼必相與異，其好惡故異也。故先聖不一其能，不同其事。

成玄英《疏》云：「先古聖人因循物性，使人如器，不一其能，各稱其情，不
同其事也。」〔註30〕養生在於順性，不但順人所共有之性，亦順人個別之性
向、稟賦。「不一其能，不同其事」乃指不單順人所共有之人性而生活，而且
也按個人所特有之才性行事。

2、韜光養晦

　　韜光養晦即收斂一己之才能，勿使之鋒芒畢露，以免招來殺身之禍。

　　匠石之齊，至乎曲轅，見櫟社樹。其大蔽牛，絜之百圍，其高臨山十
　　仞而後有枝，其可以爲舟者旁十數。觀者如市，匠伯不顧，遂行不輟。
　　弟子厭觀之，走及匠石，曰：「自吾執斧斤以隨夫子，未嘗見材如此其
　　美也。先生不肯視，行不輟，何邪？」曰：「已矣，勿言之矣！散木也，

〔註29〕郭慶藩輯，王孝魚整理，《莊子集釋（上）》，頁117。
〔註30〕郭慶藩輯，王孝魚整理，《莊子集釋（上）》，頁623。

以爲舟則沈，以爲棺槨則速腐，以爲器則速毀，以爲門户則液樠，以
爲柱則蠹。是不材之木也，無所可用，故爲若是之壽。」(〈人間世〉)

社樹因「不材」、「無用」而「終其天年而不中道夭」享受終年而不中途被折
死亡，所以說其實「不材」、「無用」才是真正的「大用」之用。

支離疏者，頤隱於齊，肩高於頂，會撮指天，五管在上，兩髀爲脅。
挫鍼治繲，足以餬口；鼓筴播精，足以食十人。上徵武士，則支離攘
臂於其間；上有大役，則支離以有常疾不受功；上與病者粟，則受三
鍾與十束薪。夫支離其形者，猶足以養其身，終其天年，又況支離其
德者乎！」(〈人間世〉)

凡世俗所認爲像是身體不全、面貌醜陋等的價值體系〔註31〕，於世俗而言是
「不材」、「無用」，但對莊子而言，「不材」、「無用」才能韜光養晦，終其天
年，也因此莊子在〈人間世〉的結語說：「山木自寇也，膏火自煎也。桂可食，
故伐之，漆可用，故割之。人皆知有用之用，而莫知無用之用也。」山木因
有用而自招刀斧，膏脂因可生火而被取來煎熬。桂樹的果實好吃因而被砍伐，
漆樹的汁液可以利用因而橫遭割裂。人們都只看到有用部分，卻不知無用的
真正用處。其實「不材」、「無用」於莊子學理而言才是真正的有用處。

二、悅死惡生

郭象言：「樂生者畏犧而辭聘，髑髏聞生而矉蹙，此死生之情異而各自當
也。」道出了莊子悅生惡死、悅死惡生兩個典故：

莊子之楚，見空髑髏，髐然有形。撽以馬捶，因而問之，曰：「夫子貪
生失理而爲此乎？將子有亡國之事、斧鉞之誅而爲此乎？將子有不善
之行，愧遺父母妻子之醜而爲此乎？將子有凍餒之患而爲此乎？將子
之春秋故及此乎？」於是語卒，援髑髏，枕而臥。夜半，髑髏見夢曰：
「向子之談者似辯士，視子所言，皆生人之累也，死則無此矣。子欲
聞死之說乎？」莊子曰：「然。」髑髏曰：「死，無君於上，無臣於下，
亦無四時之事，從然以天地爲春秋，雖南面王樂，不能過也。」莊子

〔註31〕關於支離其人，楊儒賓認爲支離疏此人物的意象，顯然是要打破世人對身體
　　　　的迷思，引導學者進入軀體限制之外的另一種自由空間。楊儒賓，〈支離與踐
　　　　形——論先秦思想裡的兩種身體觀〉，《中國古代思想中的氣論及身體觀》，(台
　　　　北：巨流，1993)，頁 415～449。

不信，曰：「吾使司命復生子形，爲子骨肉肌膚，反子父母、妻子、閭
里、知識，子欲之乎？」髑髏深顰蹙額曰：「吾安能棄南面王樂而復爲
人間之勞乎！」（〈至樂〉）

髑髏指人死後悠遊自在，毫無拘束，也就是說死亡爲一解脫，而不願復活亦
代表著死亡不一定是絕對的惡。

列子行，食於道，從見百歲髑髏，攓蓬而指之曰：「唯予與汝知而未嘗
死、未嘗生也。若果養乎？予果歡乎？」（〈至樂〉）

愈樾注：「養，讀爲恙。」爾雅釋詁：「恙，憂也。」〔註32〕恙與歡相對，猶
如憂與樂相對，也就是說，你的死不一定是憂，我的生也不一定是樂。

予惡乎知說生之非惑邪！予惡乎知惡死之非弱喪而不知歸者邪！麗之
姬，艾封人之子也。晉國之始得之也，涕泣沾襟；及其至於王所，與
王同筐床，食芻豢，而後悔其泣也。予惡乎知夫死者不悔其始之蘄生
乎！（〈齊物論〉）

郭象注曰：「一生之內情變若此，當此之日，則不知彼況。」〔註33〕成玄英《疏》
云注：「麗姬至晉，悔其先泣，焉知死者之不卻悔初始在生之日求生之意也。」
〔註34〕麗姬的故事裡，莊子似暗示著死比生更圓滿，所以〈庚桑楚〉說「以
生爲喪，以死爲反」，〈秋水〉言「其生之時，不若未生之時」，都在詮釋我們
因未知死的境界，而在生時擔憂不已，其實怎麼知道事實是如何？

三、不悅生、不惡死

得道者的內心不會被死生之勢所困擾，因爲得道者了悟「死生爲一條」
的道理。〈德充符〉的「胡不直使彼以死生爲一條，以可不可爲一貫者，解其
桎梏，其可乎？」，〈大宗師〉的「孰能以無爲首，以生爲脊，以死爲尻；孰
知死生存亡之一體者，吾與之友矣！」，〈齊物論〉的「凡物無成與毀，復通
爲一」，〈天地〉篇的「萬物一府，死生同狀」皆都指向「死生爲一條」，

古之眞人，不知說生，不知惡死。其出不訢，其入不距。翛然而往，
翛然而來而矣。不忘其所始，不求其所終。受而喜之，忘而復之。是
之謂不以心捐道，不以人助天，是之謂眞人。（〈大宗師〉）

〔註32〕郭慶藩輯，王孝魚整理，《莊子集釋（上）》，頁624。
〔註33〕郭慶藩輯，王孝魚整理，《莊子集釋（上）》，頁104。
〔註34〕同上。

都說明了得道者以死生爲一的道理。

綜合以上所言「死生爲一條」蘊含著以下幾個觀點：

1. 在齊物觀點上，死生是「復通爲一」。
2. 在氣化觀點上，死生是「一氣之化」。
3. 在死生二事之內容上，死生彼此蘊含。

上述三個觀點的內涵，下一節詳述之。

第三節　死生爲一

人會執著生命，對死亡深懷恐懼，乃因未將生死的生命過程返源於道，也因此會執著於自己的有限領地，然當執著於自己時，反而是將自己與無限的道又隔絕開來，所以「生命要顯現自身，只有掙脫短暫的，轉瞬即逝的人生之拘限，而將自身置放於道的永恆的道中，由此取獲一種超出有限的無限的時間視角。」〔註35〕也就是說從道的角度去檢視個體生命，知生死爲一，才能擺脫拘限，領悟生命。以下從「死生爲一」所蘊含的幾個觀點來生死問題：

一、從「體道層面」言生死爲「凡物無成與毀，復通爲一」

如前所言，得道者在「見道」中與道同體，以致面對身外之物而言可以平齊物議；面對個人生命而言，可以超越生死，入於不死。

「見獨……而後能入於不死不生。」（〈大宗師〉）、「方生方死，方死方生……道通爲一……凡物無成與毀，復通爲一。」、「天地與我並生，而萬物與我爲一。」（〈齊物論〉）、「自其異者視之，肝膽楚越也；自其同者視之，萬物皆一也。……物視其所一，而不見其所喪；視喪其足，猶遺土也。」（〈德充符〉）這些莊子名句皆在詮釋得道者，在「見道」中與道同體。

（一）與道同體

得道者與造物者交往，而遊乎天地之一氣，死生無變於己。莊子說：

> 「彼方且與造物者爲人，而遊乎天地之一氣。彼以生爲附贅縣疣，以死爲決病潰癰。夫若然者，又惡知死生先後之所在！假於異物，托於同體；忘其肝膽，遺其耳目；反復終始，不知端倪；芒然仿徨乎塵垢之外，逍遙乎無爲之業。彼又惡能憒憒然爲世俗之禮，以觀眾人之耳

〔註35〕張廣保，〈道家的夢論與道論〉《道教月刊》，36 期（2008 年 12 月），頁 13。

目哉！」子貢曰：「然則夫子何方之依？」孔子曰：「丘，天之戮民也。雖然，吾與汝共之。」(〈大宗師〉)

即是人與道同體的境界。

（二）了悟生命不朽

當我們安排去化時，便不執著於現在的此身，亦無所希求將來變成何物，而以萬物爲一、大化爲一。〔註36〕因此，莊子認爲：

> 且彼有駭形而無損心，有旦宅而無情死。……安排而去化，乃入於寥天一。(〈大宗師〉)

得道者了悟人的精神不因形體的死亡而有所損毀，所以安於造物者的安排而順應變化，就能進入虛靜之太一。

（三）以道爲歸宿

即「入於寥天一」，等於是「遊於無」、「遊無何有之鄉」(〈應帝王〉)、「遊於無窮」(〈逍遙遊〉)、「擇日而登假」(〈德充符〉)、「入於天」(〈天地〉)、「遊乎天地之一氣」(〈大宗師〉)，這些皆爲上與造物者遊，以道爲歸宿。

所以，得道者若與道同體，從道體的角度觀物而言是可以平齊物議、無成無毀；而觀個人生命，則可以超越生死，入於不生不死之境。

二、從「型器層面」上言生死爲一氣之化

從〈至樂〉篇中看莊子妻死，可從廣義、狹義兩方面探究。

> 莊子妻死，惠子弔之，莊子則方箕踞鼓盆而歌。惠子曰：「與人居，長子、老、身死，不哭亦足矣，又鼓盆而歌，不亦甚乎！」莊子曰：「不然。是其始死也，我獨何能無概！然察其始而本無生；非徒無生也，而本無形；非徒無形也，而本無氣。雜乎芒芴之間，變而有氣，氣變而有形，形變而有生。今又變而之死。是相與爲春秋冬夏四時行也。人且偃然寢於巨室，而我噭噭然隨而哭之，自以爲不通乎命，故止也。」

若廣義地言，所有事物在物理層次上的成與毀皆是氣之聚散；若狹義地言，就人的生與死在形器生命層面上是彼此蘊含。

〔註36〕吳怡著，《新譯莊子內篇解義》，(台北：三民，2000)，頁261。

（一）生命為氣化為事之變

生命乃氣之聚散，事物的腐朽與神奇互化，從整體上而言是一氣之化。

> 生也死之徒，死也生之始，孰知其紀！人之生，氣之聚也。聚則為生，散則為死。若死生為徒，吾又何患！故萬物一也。是其所美者為神奇，其所惡者為臭腐。臭腐復化為神奇，神奇復化為臭腐。故曰：「通天下一氣耳。」聖人故貴一。（〈知北遊〉）

氣化的觀點看宇宙，宇宙之成與毀全是因緣和合之聚散，〈德充符〉中稱為「事之變」，〈知北遊〉中稱為通天下一氣，而「死生、存亡……是事之變，命之行也。」（〈德充符〉）

> 至陰肅肅，至陽赫赫。肅肅出乎天，赫赫發乎地。兩者交通成和而物生焉，或為之紀而莫見其形。消息滿虛，一晦一明，日改月化，日有所為而莫見其功。生有所乎萌，死有所乎歸，始終相反乎無端，而莫知乎其所窮。非是也，且孰為之宗！（〈田子方〉）

生物誕生，自有它降生的起源；死亡，也有其歸宿的地方，生死乃是一氣之所化。

（二）命之行

首先莊子借孔子之口談命，認為命是雖諱忌困窮，但還是不能避免；雖求通達，結果還是不能得到，這就是命運。

> 孔子遊於匡，宋人圍之數匝，……我諱窮久矣，而不免，命也；求通久矣，而不得，時也。……知窮之有命，知通之有時，……（〈秋水〉）

再者，人的生與死也是命，如同白晝和黑夜的變化一樣，是自然的道理。

> 死生，命也；其有夜旦之常，天也。人之有所不得與，皆物之情也。（〈大宗師〉）

人是無法干預這種自然的變化，因為這都是萬物真實的情況，也是天命的流行。

（三）安命以對治「命之行」

雖然天命的流行，人們無法干預，但若我們知道事情無可奈何而安於命，凡事盡力去做，把成與不成都寄託給天命，也就是按照實際的情形去做而忘掉自身，又何至於貪悅生命而討厭死亡呢？

> 知其不可奈何而安之若命，德之至也。……行事之情而忘其身，何暇至於悅生而惡死！（〈人間世〉）

莊子借老子的死說明生死皆是天命的流行：

> 老聃死，秦失弔之，三號而出。……安時而處順，哀樂不能入也。（〈養生主〉）

我們若安於時的變化，而順著變化而走，那麼一切的悲哀和快樂自不能入於心中。

（四）物化以對治「一氣之化」

物化即安於所化，「化爲何物則安於何物，對自然之變化，任其變化；對本身之變化，順其變化。」〔註37〕

> 昔者莊周夢爲胡蝶，栩栩然胡蝶也。自喻適志與！不知周也。俄然覺，則蘧蘧然周也。不知周之夢爲胡蝶與？胡蝶之夢爲周與？周與胡蝶，則必有分矣。此之謂物化。（〈齊物論〉）

當莊周夢爲蝴蝶之時，便安於作蝴蝶，當莊周復爲莊周時，及安於作莊周；相同於生時安於生，死時安於死。成玄英《疏》云注：「……是以周蝶覺夢，俄頃之間，後不知前，此不知彼。而何爲當生慮死，妄起憂悲！故知生死往來，物理之變化也。」〔註38〕因此「安之若命」是莊子哲學對處於天命流行的實際狀態的人所提供的最佳人生態度。〔註39〕

〈大宗師〉也談「物化」：

> 浸假而化予之右臂以爲彈，予因以求鴞炙；浸假而化予之尻以爲輪，以神爲馬，予因以乘之，豈更駕哉！且夫得者，時也；失者，順也。安時而處順，哀樂不能入也，此古之所謂縣解也，而不能自解者，物有結之。且夫物不勝天久矣，吾又何惡焉！

也就是說無論自己化成什麼，便安於作什麼，〈齊物論〉的「栩栩然蝴蝶」，即是自喻適志的引申說法。

不過「物有結之」與「物化」是恰恰相反的觀念，徐復觀說：「自己的精神爲一物一境所繫縛而不能解脫；故物、境一旦變遷，即不能不有所哀樂。由生而死，乃變遷之大者。『物有結之』，即是被『生』之鏡所繫縛之意……物化是因爲『忘』；夢爲蝴蝶而當下全體即是蝴蝶，及忘其曾經莊周；化爲雞，

〔註37〕陳品卿，《莊學新探》，（台北：文史哲出版社，1983），頁97。
〔註38〕郭慶藩輯，王孝魚整理，《莊子集釋（上）》，頁114。
〔註39〕金自鉉，《莊子哲學中「天人之際」研究》，（台北：文史哲出版社，1986），頁145～147。

即忘其曾爲子輿；死即忘其曾經生；這才能隨物而化，以生死爲一條。」〔註40〕也就是當下的生命做什麼即是什麼，只在當下安於所化。

綜合言之，生命爲一氣之所化，面對天命的流行，我們一方面安時而處順，自然哀樂不入；另一方面我們安於所化，「自己化成了什麼，使安於是什麼，而不固執某一生活環境或某一目的，乃至現有的生命。」〔註41〕

三、從個體生命上言生死爲彼此蘊涵

〈齊物論〉言「方生方死、方死方生」可以從以下三個角度探討：

（一）共時性角度

一件事物之「生」、「死」兩概念可以同時並存。〈齊物論〉言「其分也，成也。其成也，毀也。」成玄英《疏》云注：「於此爲成，於彼爲毀，如散毛成氈、伐木爲舍等也。」〔註42〕以「伐木爲舍」而言，若從「木」觀點而言是毀、死；若從「舍」觀點而言是成、生，所以「成」、「毀」分別蘊涵在同一件事之不同觀點。

（二）貫時性角度

以貫時性而言，人是走向死亡的存有者。死亡已迫在眉睫，所以〈齊物論〉才會說「其行盡如馳而莫之能止，不亦悲乎！」

（三）生死相蘊涵

生死二者是彼此蘊涵，〈齊物論〉言「一受其成形，不亡以待盡。」現世的生命是一個待死之生，亦是向死亡邁進的生命。

綜合「死生爲一」來看，得道者在「見道」中，從「體道層面」而言，生死爲「凡物無成與毀，復通爲一」；從「型器層面」上而言，生死爲一氣之化；從個體生命上而言，生死爲彼此蘊涵。

第四節　關於「精神不朽」問題

人雖然死亡，仍有一永恆的生命存在，永恆的生命就是最眞實的存有一

〔註40〕徐復觀，《中國藝術精神》，頁 110～111。
〔註41〕徐復觀，《中國人生論史》，頁 392。
〔註42〕郭慶藩輯，王孝魚整理，《莊子集釋（上）》，頁 72。

─「道」。〔註43〕〈齊物論〉內莊子懷疑自己怎知貪生不是一種迷惑？又怎知怕死不是像幼年流落在外而不知回到故鄉那樣呢？文中舉麗姬爲例，當晉國剛迎娶她的時候，她怕得涕淚沾溼衣襟。到了王宮之後，睡舒適的床、吃美味的肉，才懊悔當初不該哭泣。所以，同樣的，人既然對死後的情形不了解，又怎知人死後不懊悔貪生之不當？

> 予惡乎知說生之非惑邪！予惡乎知惡死之非弱喪而不知歸者邪！麗之
> 姬，艾封人之子也。晉國之始得之也，涕泣沾襟；及其至於王所，……
> 而後悔其泣也。予惡乎知夫死者不悔其始之蘄生乎！（〈齊物論〉）

關鋒認爲「如果前提是『人死如燈滅』，死而無知，就不會有死後是不是如遊子不知還鄉、是不是懊悔當初不該求生的疑問了。他懷疑的既然是死了的人是否懊悔當初不該求生，也就肯定了死後是有『懊悔』和不『懊悔』的問題在，即：肯定了死後有知，精神不死。」〔註44〕如同〈大宗師〉中認爲得道者「有駭形而無損心，有旦宅而無情死。」郭象注曰：「以變化爲形之駭動耳，故不以死生損累心。」〔註45〕成玄英《疏》云注：「旦，日新也。宅者，神之舍也，以形之改變爲宅舍之日新耳。其性靈凝淡，終無死生之累者也。」〔註46〕姚鼐注曰：「情，實也，言本非實有死者。」〔註47〕關鋒以爲「按之〈養生主〉的『薪盡火傳』，按之本篇的前後文，按之上半句『彼有形骸，而無損心』，也只能解作：『眞人』有形骸之死亡，而無精神的死亡，生死不過是精神換一個新的旅舍而已。……於此做出結論：精神獨立存在而不死不生。」〔註48〕

再者，〈齊物論〉也說「其形化，其心與之然，可不謂大哀乎？」如果形體老化，又認爲自己的心也會跟著老化，那可眞正最大的悲哀啊！由此我們可以肯定莊子認爲形體死亡而精神是可以不死的。

〈知北遊〉說「古之人，外化而內不化，今之人，內化而外不化。」成玄英《疏》云：「古人純樸，合道者多，故能外形隨物，內心凝靜。」〔註49〕「古之人」等於是「得道者」的泛稱，而「今之人」是「不得道者」之通稱；

〔註43〕金自鉉，《莊子哲學中「天人之際」研究》，頁149～150。
〔註44〕關鋒，《莊子內篇譯解和批判》，頁142。
〔註45〕郭慶藩輯，王孝魚整理，《莊子集釋（上）》，頁276。
〔註46〕同上。
〔註47〕王先謙，《莊子集解》，頁66。
〔註48〕關鋒，《莊子內篇譯解和批判》，頁245。
〔註49〕郭慶藩輯，王孝魚整理，《莊子集釋（下）》，頁765。

而「得道者」乃應外體之變化而不忘失內心，「不得道者」則「其形化，其心與之然」。

　　莊子在〈在宥〉篇中也同樣談到廣成子這位得道者明白眾人認為有生有死，所以必有死的一天，而得道者了解死生如一的道理：

> 彼其物無窮，而人皆以為有終。彼其物無測，而人皆以為有極。得吾道者，士為皇而下為王；失吾道者，上不見光而下為土。今夫百昌，皆生於士而反於土，故余將去女，入無窮之門，以遊無極之野，吾與日月參光，吾與天地為常，當我緡乎，遠我昏乎，人其盡死，而我獨存乎。（〈在宥〉）

> 死生亦大矣，而不得與之變；雖天地覆墜，亦將不與之遺；審乎無假，而不與物遷，命物之化，而守其宗也。（〈德充符〉）

因此即使是天塌地陷，也能夠不和天地一起毀滅，而且得道者能切實地洞悉真理，不為外物所變遷，而把握住萬物的根本——「道」，精神即能不朽而永遠存在入於永恒了。

結　語

　　莊子上與造物者遊，下與外生死無終始者為友。莊子「超生死」觀點的主要因素，乃是由於「見道」的神祕經驗所致。得道者，因在見道中，與道同體，以致面對身外之物而言可以平齊物論；面對個人生命而言，可以超越生死。

　　神祕主義者在見道、得道中所獲致的效用，不但可以化解對「所知」境物與「能知」心識之產物的執著，甚至可以因「外生死」化解對個人肉體生命之執著，而「無終始」也意寓著時間得以在永恆中消失，得道者在見道中處於「超越時間」的意識狀態，所以「無終始」既是見道的情狀，同時也是見道後的效用。得道者日後常可藉著「見道」而一再入於「永恆」的狀態，另外也與其他得道者的心靈引起共鳴，所以彼此會「相視而笑」、「相與為友」。

　　莊子的生死觀是含有一正、反、合的辯證。

　　正：「悅生」惡死，是對生命的珍惜。

　　反：「悅死」惡生，是對死亡不麻木、不排斥。

　　合：「不悅生、不惡死」是在更高的整體上超越生死、無生死。

　　以上三者不彼此排斥，而是相輔相成，共同形成莊子生死觀的三個向度。

　　「死生爲一條」蘊含著以下幾個觀點：在齊物觀點上，死生是「復通爲一」、在氣化觀點上，死生是「一氣之化」、在死生二事之內容上，死生彼此繾含。

　　最後得道者因著「外生死」、「無終始」而能精神不朽入於永恆。

第五章　不敖倪於萬物不譴是非以與世俗處——神祕修行所導致平齊物論與人際關係上的效用

引言：「不敖倪於萬物」「不譴是非」所導致的平齊物論

　　我們在第二章探討「獨與天地精神往來」時，就說明了「獨」與「天地精神」凸顯神祕經驗的知識論面向，而「獨與天地精神往來」更是教我們明瞭見道的心靈結構。然隨之「獨與天地精神往來」，〈天下〉篇作者說：「不敖倪於萬物，不譴是非，以與世俗處」，成玄英《疏》云：「敖倪，猶驕矜也。抱眞精之智，運不測之神，寄跡域中，生來死往，謙和順物，因不驕矜。」又云：「譴，責也。是非無主，不可窮責，故能混世揚波，處於塵俗也。」〔註1〕即不鄙視萬物，不譴責是非，藉此而與世俗共處。「不敖倪於萬物，不譴是非」相應〈齊物論〉所談之「齊物」與「物論」，即是「平齊物議」〔註2〕的宗旨。因此，「不敖倪於萬物，不譴是非」，在「獨與天地精神往來」一語之後，是提醒我們須從「見道」的立場上體察「平齊物議」之義；因爲人一旦冥契於道，則間間的一切「相對性」與「對立衝突」都會被銷融，而達致「矛盾統一」，無分別地綜合於至高之境。換言之，人唯有從「見道」、「體道」、而「冥合於道」當中，始能體會「萬物齊一」、「眾論融入更高觀點」、以及「在

〔註1〕郭慶藩輯，《莊子集釋（下）》，頁1100。
〔註2〕牟宗三講述，《莊子齊物論義理演析》，序頁vi。

道體內合一」的究竟義。所以，「見道」的關鍵義在於「冥合」與「齊一」。消極而言，人若不從「見道」立場上去體察，則無從洞悉「齊一」之究竟；積極而言，人須立基於「見道」之冥合經驗始能道破「齊一」之根本。

冥合於道而達致萬物齊一的境界之後，即以「齊一」的觀點，反觀世俗對「不齊」的「物」與「論」之偏執與迷失，向世人傳遞其所體證的究竟而彰顯「平齊物議」的境地。所以〈天下〉篇說：「不敖倪於萬物，不譴是非」乃在於提示神祕見道所導致「平齊物議」的效用，即「論」上的破執、「物」上的破執、以及達致「萬物齊一」的效用。

首先是「論」上的破執：人面對被知對象之同時，會對其本質作一番闡釋，從中形成個人特有對此一事物的理論觀點。然而，各人對一事物之理解往往深淺不一、繁簡不定、甚至對錯不同，以至所引申的理論會有參差不齊的出入。如果個人執著於一己之見，而無法聆聽別人的心得，則會「非其所是、而是其所非」，容易爭辯不休。所以，莊子叫我們立於絕對道體的無待下，一方面去除名相、概念上的執著，因為我們對一事物所把握的概念，永遠比不上具體事物本身內涵的豐富，而我們對一事物所給予的名相，又未能充份地涵蓋其本質的整體，以至我們對事物的觀點往往都相對有爭議性；另一方面是去除數字、斗量、先後上的執迷，因為站在部份上看「朝三暮四」與「朝四暮三」是有先後的差別，但站在整體上言，二者數量是相同的。

其次是「物」上的破執：人若離棄道，則易停滯在世俗的相對性上，以至執著於美醜、大小、壽夭、生死等互相對立，反之，人一旦見道就不再計較事物之相對性，終將去美醜、棄成毀、破大小、除壽夭、而超越生死。

最後是「萬物齊一」的效用：人一旦見道，則在整體中瞭悟到齊一的和諧，在其中再沒有事物的對立，因為一切事物都在道體的懷抱內冥合為一，看不出彼此間的封界。以道體的眼光看事物，則小而不寡、大而不多、物無貴賤、復通為一。但若為未見道的人而言，得道者的言行是叫人費解的，因為我們尚未碰觸到他的層面；反之，為得道者而言，未見道者的言行是愚昧的，因為人一旦與道同體後，其他事物都叫他感到「以天下為沈濁，不可與莊語」。其中的愚與智、齊與不齊，須在天道的整一視域當中才叫人洞察出其中的奧妙。

總之，站在神祕經驗立場，人一旦在見道中融入了道之齊一，則相對之知上的是非，都在絕對之知的前提下化解。所以，在絕對無待的道體面前，一切是非對立都因而消除，就可以達致「不敖倪於萬物，不譴是非，以與世

俗處。」的境界（〈天下〉）〔註3〕

在進入《莊子》神祕修行在人際關係上的效用之前，先讓我們從《荀子‧解蔽》篇說起，以及《莊子‧天下》篇對荀子評語能有的回應兩面向來看。

一、從《荀子‧解蔽》篇說起

《荀子‧解蔽》篇言：「莊子蔽於天而不知人」，意思是莊子執迷於「天道」而不理「人事」。這雖是負面的評語，但間接替莊子學理的核心義作了見證。

首先「蔽於天」之偏語，間接地指出莊子以神祕見道為其學理之大前提，與天道冥合為其踐行之終極關懷，亦間接說明莊學是一套「神祕主義」，並見證莊子是以「天道」為其嚮往之宗旨和最終目標，而與「天道」冥合就是「上與造物者遊」、「獨與天地精神往來」。其次，有關「不知人」這偏語是否中肯，其實是有待商榷，至少《莊子‧天下》篇並不這樣地認為。

二、〈天下〉篇對荀子評語能有的回應

〈天下〉篇語：「獨與天地精神往來，而不敖倪於萬物，不譴是非，以與世俗處。」從「獨與天地精神往來」到「與世俗處」是為一整體完型，前後有連貫，其意是「神祕見道」後，仍須「食人間煙火」，積極與世俗處。換言之，「與世俗處」有積極入世之義，且有神祕冥合與神祕修行作為背景和根據。進一步詳細地說明即是「獨與天地精神往來」意謂著莊學以神祕冥合作前提，且含「有神論」型態。「不敖倪於萬物，不譴是非」則意謂神祕冥合引致「平齊物議」，即「齊物」、「齊論」之效用。「以與世俗處」乃意謂與天道冥合而至平齊物議應用於人事上，即指出齊物、齊論有其人際關係的面向。

因此，神祕冥合的效用，不單廣泛地蘊含「不敖倪於萬物」所指向的「齊物」，與「不譴是非」所指向的「齊論」而已，「齊物」、「齊論」之效用甚至可擴延及人事，而為「與世俗處」，所以從「獨與天地精神往來」到「與世俗處」，是以「齊物」、「齊論」作為轉折，也就是說莊子學理之「與世俗處」，有神祕主義作為依據。

〔註3〕關永中，〈不敖倪於萬物不譴是非〉一文中，對見道所引致的平齊物議有很好的說明，此略為整理，詳細內容可參閱《哲學評論》第 32 期，（2006 年 10 月），頁 45～74。

　　然而「與世俗處」是如何以神祕主義作爲依據而成爲神祕修行的效用？本章將含四個主要段落論述。第一節從「獨與天地精神往來」到「與世俗處」，談「神祕見道」和「應世之道」之間的轉折與連貫。第二節乃論述神祕家的一般應世之道。第三節談神祕家應世之道落實於主體際性面，以莊子與惠施的交往爲例。第四節談神祕家應世之道落實於社會團體面，以外交、內政等政治事項爲例作說明。

第一節　從「獨與天地精神往來」到「與世俗處」
——「神祕見道」和「應世之道」之間的轉折與連貫

　　首先「與世俗處」是以「獨與天地精神往來」作爲前提，分別有出世面與入世面兩面向。其次「與世俗處」乃以「不敖倪於萬物，不譴是非」作爲兩個轉折，「不敖倪於萬物」人事化而爲「與世俗處」，指向從「齊物」到「人際溝通」；「不譴是非」積極化而爲「卮言」、「重言」、「寓言」，指向從「齊論」到「象徵點化」。

一、「與世俗處」以「獨與天地精神往來」作爲前提

　　高級神祕修行並不缺乏出世與入世兩面向，例如佛家語：「始則捨俗歸眞，終乃迴眞向俗。」另外有神論代表之一聖女大德蘭也曾說過：「她全心全意的想那些現在或已經生活在曠野人的幸福，另方面，她也願投身世界。」〔註4〕這都顯示神祕修行出世與入世的兩面向，當然莊子也有其出世與入世的兩面向。

（一）出世面

　　莊子的「獨與天地精神往來」一語即透顯「見道地」與「天地精神」作「精神上的往來」〔註5〕，亦即人從沒有受到外物牽累之心所發出的超分別相的直觀、智慧，這種直觀、智慧，是不受一切形體、價值、知識、好惡的限隔，而與無窮的宇宙，融合在一起，這是莊子在現實世界之上，所開闢出的

〔註4〕聖女大德來著，趙雅博譯，《七寶樓台》，頁160。
〔註5〕關永中，〈「獨與天地精神往來」—與莊子對談神祕經驗知識論〉，頁120。

精神生活的世界，把自己安放在這種精神世界中去，即是莊子所說的「獨與天地精神往來」，〔註6〕也是表現出世的一面。

　　（二）入世面

　　《莊子・天下》篇「以與世俗處」之語，即顯示著莊子的入世面，其實道家與佛家也皆有「渡眾生」的意願，佛家稱之為「轉法輪」，帶著慈悲、嚴肅面對人間，有著救苦救難之心，教人解脫苦海，有些高僧甚至可證入涅槃，但仍選擇「渡眾生」之路。而道家經常是喜情、輕鬆的態度入世，有著逍遙點化之舉、遊戲人間之實，〈天下〉篇說：「以天下為沈濁，不可與莊語」、「其辭雖參差，而諔詭可觀」，其中「不可與莊語」是不能和世人講端莊嚴正的言論，而「諔詭」即是以滑稽、幽默的入世態度與世俗處，《莊子》內篇中的〈人間世〉與〈應帝王〉有更多的例子為代表，古語說：「大隱隱於市，小隱隱於野」，正說明了莊子作為大隱的入世面。

二、「與世俗處」以「不敖倪於萬物」「不譴是非」作為二個轉折

　　「與世俗處」乃以「不敖倪於萬物，不譴是非」作為兩個轉折，「不敖倪於萬物」人事化而為「與世俗處」，指向從「齊物」到「人際溝通」；「不譴是非」積極化而為「巵言」、「重言」、「寓言」，指向從「齊論」到「象徵點化」。

　　（一）「不敖倪於萬物」人事化而為「與世俗處」——從「齊物」到「人際溝通」

　　「齊物」所提示的有兩面向，一個是「物」的面向，另一個是「人」的面向。

　　1、「齊物」義所提示的「道在物中」與「物化」

　　此段是神祕家與物處的態度，莊子分兩個層次來談，首先是從物的最初之處來觀物，以了解「道在物中」，再者是「物化」而「物我為一」。「道在物中」以及「物化」乃蘊含從「俗世觀點」轉化為「道體觀點」來與世俗處。

　　（1）道在物中

　　莊子與物處，經常是帶著一種輕鬆愉快的精神來看待萬物，因為「道生一，一生二，二生三，三生萬物。」《道德經・四十一章》一切萬物皆在道中，

〔註6〕徐復觀，《中國人性論史・先秦篇》，頁388～9。

最典型的例子莫過於有一次東郭子問莊子說：「所謂道，究竟在什麼地方？」莊子回答：「道是無所不在的。」東郭子說：「請說明究竟在哪裡。」莊子回答：「在螻蟻身上。」東郭子說：「爲什麼如此卑微？」莊子說：「在雜草中。」東郭子說：「爲何更卑微？」莊子說：「在瓦甓中。」東郭子說：「爲何說的這麼過份？」莊子說：「在屎溺裡。」東郭子便不再吭聲了。

> 東郭子問於莊子曰：「所謂道，惡乎在？」莊子曰：「無所不在。」東
> 郭子曰：「期而後可。」莊子曰：「在螻蟻。」曰：「何其下邪？」曰：
> 「在稊稗。」曰：「何其愈下邪？」曰：「在瓦甓。」曰：「何其愈甚邪？」
> 曰：「在屎溺。」東郭子不應。（〈知北遊〉）

莊子作如此的答覆，是要東郭子直接進入超越的絕對之境，不在物的現象上打轉，從螻蟻、雜草、瓦甓、屎溺，「由動物、植物、礦物，到廢物，目的是要破除一般人的價值觀，正是所謂的『以道觀之，物無貴賤』」〔註7〕也就是說道就在物中，物性即道性，這也是莊子與物處的一向態度。

（2）物化

　　轉換從物最原初的角度去觀「物」，以瞭解「道在物中」之外，更進一步是如何讓物與我相融，達到「物我爲一」。因「只有齊物，才能逍遙，『物化』之際，人與物交感互動，渾然一體。」〔註8〕

　　關於如何「物化」的問題，我們在上章談「生死爲一」時，即說到物化以對治「一氣之化」，而與物處時，莊子認爲是人與物同樣都是道之物，亦是自然之物，這層關係消除了主客之分，進而「物我爲一」，最後超越化而「道通爲一」。

　　2、「齊物」義所提示的「通人我」

　　將「齊物」放在「人事」上言，即「一切經驗意義之『我』……不與外界中之『他人』對立，此即『通人我』之義。」〔註9〕〈齊物論〉云：「天地與我並生，而萬物與爲一」，前一句即指「齊物」，後一句的「萬物」即包括了「他人」。從「以道觀之」的觀點看，「他人」和「天地精神」本是一體，而我在道體中，他人亦在道體內，所以「齊物」包含「通人我」的面向。

　　從「齊物」而至「通人我」的面向，至少蘊含以下兩論題：第一是「下

〔註7〕傅佩榮著，《解讀莊子》，頁381。

〔註8〕王凱，《逍遙遊——莊子美學的現代闡釋》，（湖北：武漢大學，2004），頁129。

〔註9〕勞思光，《中國哲學史》卷一，頁253～4。

與外死生、無終始者爲友」是與得道者一起體道而相互體證「通人我」，此論題我們已於前一章中論述過，此處從略。第二是「與世俗處」可分三個項目討論，一是神祕家的應世之道、二是神祕家應世之道落實於主體際面、三是神祕家應世之道落實於社會團體面。此三個項目我們作爲本章之第二、三、四節，所以請容後再討論。

（二）「不譴是非」積極化而爲「卮言」、「重言」、「寓言」——從「齊
　　　論」到「象徵點化」

嚴格地說，「不譴是非」一語已讓我們站在「人事」上立論，因爲「是非」意謂人間的辯論，而「不譴是非」除了顯示出消極與積極的兩面向外，更有其見道、體道的深層面。

1、「不譴是非」的消極與積極面

〈天下〉篇從「不譴是非」一語中，即凸顯出「齊物」的消極與積極的兩面向。

（1）消極面——不黨同伐異

〈天下〉篇說：「時恣縱而儻，不以觭見之也，以天下爲沈濁不可與莊語」即是時常任意放縱而不結黨營私、不結盟與自己相同立場之人而攻代相異的派別，也不會偏持於一端的見解來與別人爭辯，而且認爲天下人沉迷混濁，不能和世人講端莊嚴正的言論。

（2）積極面——以象徵語言來點化世人

〈天下〉篇云：「以卮言爲曼衍，以重言爲眞，以寓言爲廣」。「以卮言爲曼衍」是以變化不定之言來推演，亦即以辯証來推演，如我們前章所論述莊子的生死觀是含有一正、反、合的辯証。正：「悅生」惡死，反：「悅死」惡生，合：「不悅生、不惡死」。「以重言爲眞」是借重別人有份量、有地位的話來證明可信而令人覺得是至理，如引老子之言行來引證。「以寓言爲廣」是以寓言來推廣闡明，例如用大鵬與小鳥之對比來寓意「小知不及大知，小年不及大年」。所以「卮言」、「重言」、「寓言」都是象徵的語言，目的是用來點化世人。

2、「不譴是非」有其見道、體道的深層面

「不譴是非」是以見道、體道作爲其深層的背景，表現而爲三個步驟：

（1）因體道而「忘言」與「無言」

因爲人在見道中體證天道，以致於放下思辨性之言論，換言之，即是在

體證道體中超越思辨的言語，因此有所謂「忘言」與「無言」。

> 言者所以在意，得意而忘言。吾安得夫忘言之人而與之言哉！（〈外物〉）

莊子重視的是超越言語之上的心靈理解，而非語言的形式或言說，甚至是辯論。莊子在〈齊物論〉內談及雙方辯論說：假如和你辯論，你勝了我，我沒勝你，那麼你的言論真的是對的嗎？而我真的錯嗎？那如果我勝你，難道我的言論真的是對的嗎？是一人對，一人錯嗎？還是兩人都對，或者兩人都錯呢？我和你都不會知道的。

> 既使我與若辯矣，若勝我，我不若勝，若果是也？我果非也邪？我勝若，若不吾勝，我果是也？而果非也邪？其或是也？其或非也邪？其俱是也？其俱非也邪？我與若不能相知也。

論辯是非的對錯只導致更多的衝突罷了，與人處絕非意欲爭勝是非，莊子暗寓著我們應超越言語而理解對方。

除了忘言，無言亦是自然的溝通與相互的理解，這就是自然之樂，無言而心中喜悅。「此之謂天樂，無言而心說。」（〈天運〉）梅洛龐蒂（M. Merleau-Ponty）在《知覺現象學》中說到：緘默其實也是一種語言〔註 10〕，在莊子看來，不用言語，則一切齊一，「不言則齊」（〈寓言〉）。「無言」指向著直接的密契與融通，透過緘默亦能彼此了解。所以，「忘言」與「無言」皆有密契天道的背景，而在體證道體中超越思辨的言語。

（2）因體道而發覺言說無法充份陳述

〈天下〉篇遂有所謂「其理不竭，其來不蛻，芒乎昧乎，未之盡者。」即是說莊子的道理無窮盡，其來處不離大道，且因見道而體會出芒昧恍惚，未窮其趣，而無法以言語充份表達。

（3）因言說無法充份陳述以致發而為不著邊際之詞

既言語無法充份表達，〈天下〉篇又云：「以謬悠之說，荒唐之言，無端崖之辭」那只好發而為以虛妄深遠的論說，廣大虛無的言語，漫無邊際的文辭來表達。

上述三步驟都提示「齊物」有其神祕見道作背景。此章也藉著「齊物」引申為「與世俗處」，來論述神祕家的應世之道、神祕家應世之道落實於主體際面以及談神祕家應世之道落實於社會團體面。

〔註 10〕M. Merleau-Ponty, translated by Forrest Williams, *Phenomenology of Perception*,（London: Routledge & Kegan Paul , 1962）, p.184.

第二節　神祕家的應世之道

　　莊子談及當時的天下狀況非常紊亂，聖賢之人都隱居不明，道德也不像古時那麼純一，百家學派及諸子多半各執己見而自以爲是，並認爲自己的見解就是大道，莊子認爲像這樣各走極端不知反省，必然是个能和大道相合了。而後代的學者，不幸地不能見到天地的純美和古人的全體，道術就被天下人分裂了。〈天下〉篇這般的形容當時的狀況：

> 天下大亂，賢聖不明，道德不一。天下多得一察焉以自好。譬如耳目
> 鼻口，皆有所明，不能相通。猶百家眾技也，皆有所長，時有所用。
> 雖然，不該不遍，一曲之士也。……天下之人各爲其所欲焉以自爲方。
> 悲夫！百家往而不反，必不合矣！後世之學者，不幸不見天地之純，
> 古人之大體。道術將爲天下裂。

處於這般紛爭的現象，一個神祕得道者從自身存在的視域出發，從與世人處當中而體悟人我之間的差異，發展出如下的應世態度。

一、存在境域的差異

　　每個人存在於世有不同的境域，所以自然有不同的視野，而不同的視野也造就了相異的價值取向。

（一）不同的存在境域會有不同的視野

　　人存在於世，無可避免地一定要與他人相處，然而人與人相處，彼此存在境域難免有差異，所以莊子說：

> 有鳥焉，其名爲鵬，背若泰山，翼若垂天之雲，摶扶搖羊角而上者九
> 萬里，絕雲氣，負青天，然後圖南，且適南冥也。斥鷃笑之曰：「彼且
> 奚適也？我騰躍而上，不過數仞而下，翱翔蓬蒿之間，此亦飛之至也，
> 而彼且奚適也？」此小大之辯也。（〈逍遙遊〉）

鵬鳥背如泰山之大，羽翼如垂天的雲，翱翔於九萬里的高空，然而斥鷃騰躍而上，不過數仞而下，翱翔蓬蒿之間，二者所存在的境域並不相同，自然也就影響著彼此所見視野角度上的不同，此中暗寓著一者是「以道觀之」，另一者則是「以俗觀之」，如同藐姑射之山的神人，肩吾聽到有關神人的描繪是荒誕而不近人情之言，但連叔的看法卻是：一般人見到他們，像是瞎子之於文彩的美觀；聾子之於鐘鼓的音聲，由於存在的境域不同，瞎子無法體會文彩

的美觀，聾子無法聽到鐘鼓的音聲，因此二者是無法體會與溝通的。

> 藐姑射之山，有神人居焉，肌膚若冰雪，淖約若處子。不食五穀，吸風
> 飲露。乘雲氣，御飛龍，而遊乎四海之外。其神凝，使物不疵癘而年穀
> 熟。吾以是狂而不信也。」連叔曰：「然，瞽者無以與乎文章之觀，聾
> 者無以與乎鐘鼓之聲。豈唯形骸有聾盲哉？夫知亦有之。是其言也，猶
> 時女也。之人也，之德也，將旁礴萬物以為一世蘄乎亂，孰弊弊焉以天
> 下為事！之人也，物莫之傷，大浸稽天而不溺，大旱金石流土山焦而熱。
> 是其塵垢秕糠，將猶陶鑄堯舜者也，孰肯以物為事！」（〈逍遙遊〉）

肩吾與連叔同樣對「神人」一事，因為兩人存在境域不同，也區分「自」與
「彼」在視野上的不同，「自彼則不見，自知則知之。」（〈齊物論〉），當「你
從『那方面』的觀點去觀察，則所見無非是『那方面』；如從『這方面』去觀
察，則所見無非是『這方面』。見了那面，則不見這面。自己知道的一面，總
認為是真的一面。」〔註 11〕，而因所見面向上的不同，勢必影響著彼此價值
觀的不同。所以，視野上的差異，影響所觀的面向不同，而所觀的面向不同
即產生相異的價值觀。

（二）不同的視野會有相異的價值觀

　　價值觀的差異，從〈大宗師〉的「游方之外」與「游方之內」區分的最
為明顯。

> 彼，游方之外者也，而丘，游方之內者也。外內不相及，而丘使女往
> 弔之，丘則陋矣！

成玄英《疏》云：「方，區域也。彼之二人，齊一死生，不為教跡所拘，故遊
心寰宇之外。而仲尼子貢，命世大儒，行裁非之義，服節文之禮，銳意哀樂
之中，遊心區域之內，所以為異也。」得道的神祕家是遨遊於世俗之外的人，
他們齊一死生、內心自由，不為教條、禮俗、規範所拘束，而孔丘是遨遊於
世俗之內的人，服膺於禮樂文明，二者展現不同的價值觀。

　　另有一例是在〈天地〉篇中，子貢遇到種菜老人，自以為聰明的去告訴
種菜老人說有一機械用來灌溉非常省力又快速，結果被種菜老人譏笑說：「使
用機械的人，一定會進行機巧之事；進行機巧之事的人一定會生出機巧之心。

〔註11〕陳鼓應認為「自彼則不見，自知則知之。」此句云原文應是：「『是』眾本原
　　　　作『知』。依嚴靈峰莊子章句新編校改。」見陳鼓應，《莊子今註今譯‧上冊》，
　　　　頁 62。

機巧之心存在於胸中，便不能保持純淨狀態；無法保持純淨狀態，心神就會
不定；心神不定的人，即無法體驗大道。」原文是：

> 有機械者必有機事，有機事者必有機心。機心存於胸中，則純白不備；
> 純白不備，則神生不定，神生不定者，道之所不載也。

接著又說明了孔子、子貢之人是「游方之內」，追求的價值取向是事情求可行，
功業求成就，用力少而功效多。

> 爲圃者曰：「子非夫博學以擬聖，於于以蓋眾，獨弦哀歌以賣名聲於天
> 下者乎？汝方將忘汝神氣，墮汝形骸，而庶幾乎！而身之不能治，而
> 何暇治天下乎！子往矣，無乏吾事。」子貢……曰：「始吾以爲天下一
> 人耳，不知復有夫人也。吾聞之夫子，事求可，功求成。用力少，見
> 功多者，聖人之道。今徒不然。執道者德全，德全者形全，形全者神
> 全。神全者，聖人之道也。托生與民並行而不知其所之，汒乎淳備哉！」
> （〈天地〉）

爲圃者是遨遊於世俗的人，把生命寄託在世間，與眾人一起生活，而以「執
道者德全，德全者形全，形全者神全」持執大道、德行完備、形體健全和精
神專一爲得道神祕家追求的價值取向，是「游方之外」的人。所以，從以上
的例子我們可以知道「游方之外」者是追求與道合一的價值取向，而「游方
之內」者是追求世間功業、功效等相異的價值觀。

綜言之，得道的神祕家與世俗處中，一開始即是與世人站在不同的視域，
而從不同的視域所觀之面向自然會不相同，也因此表現出「游方之外」與「游
方之內」相異的價值觀。這迥異的價值觀在與世俗處時，自然彰顯著不同的
態度。

二、群於人的態度

雖然「游方之外」的神祕得道者在世間所追求的是與道合一的精神境界，
但他們仍會群居於人群中，仍會與人相處，所以有一「在」於世的態度，莊
子認爲像「無人之情」、「陸沉」、「不拘於俗」、「澹然」到「順人而不失己」
爲處在俗世人群裡的逍遙態度。

（一）無人之情

人處於世，無可避免必得與人相處，即使是一個得道的神祕家，但神祕

家自知有人的形體，所以會和人同群，但他可以沒有人的情意，〈德充符〉內說「有人之形，故群於人；無人之情，故是非不得於身。」成玄英《疏》云：「和光混跡，群聚世間。既忘物我，何有是非！」「無人之情」並不是沒有人的情意，沒有喜怒哀樂的情緒，而是是非等偏執便不會入於我們的身心，「也就是使自己不因是非的意見而有得失之情。因別人的『是』我而喜，因別人的『非』我而怒。」〔註12〕所以「眇乎小哉，所以屬於人也！謷乎大哉，獨成其天！」（〈德充符〉）即使我們渺小得很，僅只有這屬於人的形體，但若是非等偏執便不入於我們的身心，我們疏離於世俗的名利追求與是非之爭，亦即超越了是非，就會「成其天」，即可以成就而與天為一。

（二）陸沉

再者，人雖與世俗處，但仍「保持個體意識的獨立性，不隨波逐流、人云亦云。按莊子之見，身可『陸沉』於世（隱於世），但心卻不能沉淪於眾，正是在與人共處中保持獨立的意識，構成了個體『在』世的特點之一。」〔註13〕

> 自埋於民，自藏於畔。其聲銷，其志無窮，其口雖言，其心未嘗言。
> 方且與世違而心不屑與之俱。是陸沉者也。（〈則陽〉）

成玄英《疏》云：「混跡泥滓，同塵氓俗，不顯其德，故自埋於民也；進不榮華，退不枯槁，隱顯出處之際，……寂寥虛淡，譬無水而沈，謂陸沈也。」得道的神祕家把自己混跡在平民之中，隱藏在田畝間，銷聲匿跡，心志無窮，不沉淪於眾，寂寥虛淡，與世俗處而保持內心自由。

（三）不拘於俗

在世俗中，心中真誠而不受世俗人為形式的拘泥束縛。

> 真在內者，神動於外，是所以貴真也。其用於人理也，事親則慈孝，
> 事君則忠貞，飲酒則歡樂，處喪則悲哀。忠貞以功為主，飲酒以樂為
> 主，處喪以哀為主，事親以適為主。功成之美，無一其跡矣；事親以
> 適，不論所以矣；飲酒以樂，不選其具矣；處喪以哀，無問其禮矣。
> 禮者，世俗之所為也；真者，所以受於天也，自然不可易也。故聖人
> 法天貴真，不拘於俗。（〈漁父〉）

真誠感情存在內心，神情動態才會表露於外，所以要保守自然真性。將它運

〔註12〕吳怡著，《莊子內篇解義》，頁204。
〔註13〕楊國榮，《以道觀之》，頁225。

用在人事倫理上，侍奉雙親則會孝順，輔佐君王則會忠貞，飲酒則歡樂，居
處喪事則悲哀。忠貞以事功為主，飲酒以歡樂為主，處理喪事以悲哀為主，
侍奉雙親以安適為主。功績在於完美，不拘泥什麼事蹟；侍奉雙親在於安適，
不論以何種方式；飲酒在於歡樂，不選擇餐具菜肴；居喪在於哀傷，不計較
什麼禮儀。禮儀，是世俗人為制定的，真性，是稟受於自然的，那自然形成
的事物是不可任意去改變的。所以，神祕家效法自然，重視真性，處於世俗
中卻不受世俗人為的拘束。

（四）「澹然」到「順人而不失己」

假使不刻意磨鍊意志而行為自然高尚，不講求仁義道德而自然有修為，
不求功名而能治世，不置身江海隱居而自然閒遊，不導引練氣而自然長壽，
無所不忘，無所不有，澹泊到了極點，所有的美好都隨之而來。

> 若夫不刻意而高，無仁義而修，無功名而治，無江海而閒，不道引而
> 壽，無不忘也，無不有也。澹然無極而眾美從之。（〈刻意〉）

居江海是隱喻著出世，無江海是隱喻群居於世，「無江海而閒」則是在與人共
處中達到自身的逍遙，亦即是「順人而不失己」。莊書乃說：

> 唯至人乃能遊於世而不僻，順人而不失己。（〈外物〉）

「遊於世而不僻」是與社會處而非游離於社會，即遊心於世而不偏僻；「順人
而不失己」則是與人和諧相處，順隨世人而不喪失自我。而且在與世人處的
過程中，甚至可以得到進步且充實，所謂「既以與人，己愈有。」（〈田子方〉）
給人的愈多，自己反而愈充足。這樣一來，「一方面，個體始終保持自我認同
而非『失性於俗』、沉淪於眾，另一方面，又內在於世而非避世、離世；與人
共在與維護個性呈現了內在統一性。」〔註14〕

得道的神祕家雖處世俗，但因自不同的視野觀看人間，所以不因是非而有
得失之情，也不使是非等偏執入於身心，也因此在與人共處時，心不沉淪能保
持寂寥虛淡、內心自由，不受世俗人為形式的拘泥束縛，而達到自身的逍遙。

三、超越自我的視域

「游方之外」與「游方之內」相異的價值觀，引發對仁義、是非等問題
而有不同的取向。依莊子看來，仁義的論點，是非的途徑，紛然錯亂，「自我

〔註14〕楊國榮，《以道觀之》，頁227～228。

觀之，仁義之端，是非之塗，樊然殽亂，吾惡能知其辯！」（〈齊物論〉）是各站在自己的視域作觀看，所以唯有超越自我的視域，與超越「游方之外」、「游方之內」的價值觀，才有對談的可能，所以莊子在此指出了「虛己」、「無言」、「無爲」、「懸解」作爲超越的可能途徑。

（一）虛己

首先莊子以方舟爲例，來談「虛己」。

有甲、乙兩艘船並行過河，若其中一艘空無一人的甲船撞上乙船，乙船上即使有性急的人也不會發怒；但若有一人在甲船上，那麼乙船上的人就會呼喊著要他避開；一次呼喊聽不見回應，再次呼喊也沒有回應，於是第三次呼喊就會跟隨著惡言惡語。以前不發怒，現在卻生氣大吼，那是因爲以前是空船，而現船上有了人。所以莊子指出如果一個人能夠以「虛己」的態度而遨遊世間，那麼誰能傷害他呢！

> 方舟而濟於河，有虛船來觸舟，雖有惼心之人不怒：有一人在其上，則呼張歙之：一呼而不聞，再呼而不聞，於是三呼邪，則必以惡聲隨之。向也不怒而今也怒，向也虛而今也實。人能虛己以游世，其孰能害之！（〈山木〉）

「虛己」，成玄英《疏》云：「無心也。」這寓言彰顯空虛自己、無心處世的重要，但也暗寓著人與人相處必也伴隨著衝突。莊子認爲若要解決衝突除「虛己」外，尚有「忘言」、「無言」等語言上可能的解決途徑。

（二）無爲

莊子於〈應帝王〉中，提到「無爲名尸，無爲謀府；無爲事任，無爲知主」，其中以四個「無爲」開展出如何與世俗處的原則。莊子認爲不要做任何聲名的傀儡，不要暗藏謀略，不要被俗事加重負擔，不要被聰明才智所主使爲「無爲」的應世態度。也因此應世，所以才能「體盡無窮，而游無朕；盡其所受乎天，而無見得」，體會無窮無盡的變化，遨遊於無跡無象的境界，完全接受天所稟賦的天性。而最後「而無見得，亦虛而已！」不以爲有什麼所見與所得，只是讓自己空虛而已。此處又回到前面所提及要超越自我視域的首要態度「虛己」。

> 無爲名尸，無爲謀府；無爲事任，無爲知主。體盡無窮，而游無朕；盡其所受乎天，而無見得，亦虛而已！（〈應帝王〉）

也因「虛己」、「無爲」應世，雖處世俗，但心境上卻可以「芒然仿徨乎塵垢之外，逍遙乎無爲之業。」茫然安閑徘徊在塵世之外，逍遙自在於無所爲的境界之中。

（三）懸解

超越自我的視域的另一可能的途徑是「懸解」，即解除束縛。所謂的解除倒懸之苦是如果安心適時而順應於變化，順著變化而處，一切的悲哀或快樂便不能進入心中。我們之所以不解除這種倒懸，是由於我們的心執著於形體的物而成了難解之結。其實「自古以來物累不能勝過天道自然」〔註15〕，懸解事實上是解心，人都有喜怒哀樂的情緒，但需加以化解，使它們不致深入心中。如此，外在事物就不會對自己造成影響，自己也就不會成爲有待之物，人之所以能無待以遊世、安時以處順，正因爲是無所執的徹悟心境。換言之，我們雖不能改變這個世界，但是我們可以改變自己對世界的觀看方式，也就是順應世俗變化而不執著世俗一切，調整心境而遙道自在。

> 得者，時也；失者，順也。安時而處順，哀樂不能入也〔註16〕，此古之所謂懸解也〔註17〕，而不能自解者，物有結之，且夫物不勝天久矣。（〈大宗師〉）

莊子認爲我們應超出這相對的世界，而逍遙於無限的絕對世界，達到至人、神人，或眞人的境界，調和妥適而達本返始，與道合一，才是眞正的超越自我之途。

綜言之，得道的神祕家雖自不同的視野觀看人間，但人與人相處必也伴隨著衝突。莊子認爲超越衝突解決方法，即是「虛己」、「無爲」與「懸解」，使外在事物不會對自己造成影響，自己也就不會成爲有待之物，而人之所以能無待以遊世、安時以處順，正因爲是無所執的徹悟心境，有此無所執的徹悟心境，自然所有的束縛都能解除，而才能眞正處於世，心境上卻可以「芒然仿徨乎塵垢之外，逍遙乎無爲之業。」

〔註15〕吳怡著，《莊子內篇解義》，頁220。

〔註16〕成玄英《疏》云：「得者，生也，失者，死也。夫忽然而得，時應生也；倏然而失，順理死也。是以安於時則不欣於生，處於順則不惡於死。既其無欣無惡，何憂樂之入乎！」

〔註17〕成玄英《疏》云：「處順忘時，蕭然無係，古昔至人，謂爲縣解，若夫當生慮死，而以憎惡存懷者，既內心不能自解，故爲外物結縛之也。」

第三節　神祕家應世之道落實於主體際面——以莊子與惠施的交往爲例

　　《莊子》文中談到，有些神祕家是逃離外在的世界，砥礪心志、崇尚品行，超脫世俗、與眾不同，發表高論、怨歎不遇，只是追求高傲而己，「刻意尚行，離世異俗，高論怨誹，爲亢而已矣。」（〈刻意〉）莊子認爲這只是山林之士。眞正的神祕家，「其中的引人之處，在於將神祕學與富於詩意的奇想以及和藹可親，幾乎人味十足的幽默作了感人的融合。因此，這裡面的神祕家甚至連他自己也曾嘲笑過。他的神祕學是輕鬆愉快的，他可以接受死亡。」〔註18〕莊子眼中的神祕家是在世的，看待生死存亡都是一個整體，所以他可以幽默地與朋友、妻，及執政者都抱持超越的態度相處。尤其是《莊子》文中的惠施，與莊子有多處的幽默對話與精彩辯論，惠施雖是莊子的好友，但在文中所透顯是惠施有著一般世俗之人的價值觀和普遍的視野角度，因而與神祕家形成了相互的對照，也讓我們得以從中體會眞正神祕家的「應世之道」落實於主體際上的應有表現。

一、有用與無用

　　〈逍遙遊〉中，莊子透過惠施闡述了什麼是眞正的「有用」與「無用」。惠施告訴莊子說：「魏王送我大葫蘆的種子，我把它栽植成長，收成時它的內部果實就有五石的容量，用來盛水，雖堅硬卻是重得舉不起來，把它剖開成爲瓢，它又寬大得沒有水缸容得下。這葫蘆並不是不大，它眞是虛有其大，我因爲它沒用而打碎它。」莊子答說：

> 莊子曰：「夫子固拙於用大矣。宋人有善爲不龜手之藥者，世世以洴澼絖爲事。客聞之，請買其方百金。聚族而謀曰：『我世世爲洴澼絖，不過數金；今一朝而鬻技百金，請與之。』客得之，以說吳王。越有難，吳王使之將。冬，與越人水戰，大敗越人，裂地而封之。能不龜手，一也；或以封，或不免於洴澼絖，則所用之異也。今子有五石之瓠，何不慮以爲大樽而浮乎江湖，而憂其瓠落無所容？則夫子猶有蓬之心也夫！」

神祕家看事情的角度是朝整體的視野，不單純只是「有用」或「無用」的相對角度，更何況「無用」也自有用處，而「有用」更有多重的用處，就像上述莊

〔註18〕Ben-Ami Scharfstein 夏夫斯坦著，徐進夫譯，《神祕經驗》，頁218。

子所舉之例，預防皮膚凍裂的藥方，可以漂洗絲絮，也可以劃分土地得到獎賞，因此能不執於一方，才有整體的視野可言。莊子看出了這個觀點而告訴惠施，但一般世俗之人總捍衛著自己的心靈城堡，如同惠施般，一方面深怕他人攻擊自己，另一方面也怕輸給他人，所以當莊子的言論訴諸大葫蘆的整體全面時，惠施又不甘示弱抓住「有用」、「無用」的觀點接著對莊子辯駁說：「我有一株大樹，人們稱它為樗樹，它的樹幹臃腫而不合用繩墨尺度取直。它的小枝彎彎曲曲，因而不合於規矩。生長在路旁，經過的木匠都不屑一顧。現在你所說的話如同此樹誇大而無用，是大家所共同鄙棄的。」莊子聽了回應說：

> 子獨不見狸狌乎？卑身而伏，以候敖者；東西跳梁，不避高下；中於機辟，死於罔罟。今夫斄牛，其大若垂天之雲。此能為大矣，而不能執鼠。今子有大樹，患其無用，何不樹之於無何有之鄉，廣莫之野，彷徨乎無為其側，逍遙乎寢臥其下。不夭斤斧，物無害者，無所可用，安所困苦哉！（〈逍遙遊〉）

「大樹使人逍遙自在」本身就是最大的功用，一株大樹雖不能經過工匠之技而成為有形可用的木材，但卻給人抽象無形的閒散廣莫，給人在心靈上的撫慰。最後在〈外物〉篇中，莊子也實際地說明了「無用之為用」。

> 惠子謂莊子曰：「子言無用。」莊子曰：「知無用而始可與言用矣。天地非不廣且大也，人之所用容足耳，然則廁足而墊之致黃泉，人尚有用乎？」惠子曰：「無用。」莊子曰：「然則無用之為用也亦明矣。」

看似無用，但藉著無用，不但可以保生，且不為外物所支配，而達無用真正的用處。莊子以世俗的比喻使我們了然清楚，世俗人與神祕家眼中「有用」與「無用」的不同視野。

二、安知魚樂

〈秋水〉篇末，記載莊子與惠施在濠梁之上一場膾炙人口的安知魚樂之辯。

> 莊子與惠子游於濠梁之上。莊子曰：「鯈魚〔註19〕出游從容，是魚之樂也。」惠子曰：「子非魚，安知魚之樂？」莊子曰：「子非我，安知我不知魚之樂？」惠子曰「我非子，固不知子矣；子固非魚也，子之不知魚之樂，全矣！」莊子曰：「請循其本。子曰『汝安知魚樂』云者，既已知吾知之而問我。我知之濠上也。」

〔註19〕成玄英《疏》云：「鯈魚，白鯈也。」

「人與萬物之間能否溝通？答案在莊子看來，是肯定的。白魚以『出游從容』，使莊子覺得魚樂，魚是否樂或能否樂，是一回事；莊子的感覺則是另一回事。莊子說出自己的感覺，原本不必勉強別人同意。惠子卻執著於言語的真實根據，而忽略了人的心靈能力未必要靠言語才可抵達真實。」〔註 20〕除言語溝通之外，神祕家在日常的生活中看到了個體之間，即使不同的類別，「魚」或是「人」，在「道通為一」的原則下，不但超越人際，甚至「人」、「物」之際，都是可以達到「物我為一」，互相交感而為一個整體。

三、莊子妻死

莊了的妻子死了，惠子前往弔喪，莊子卻正像簸箕形狀一樣地蹲坐在地上，敲著瓦盆唱歌。

> 惠子曰：「與人居，長子老身，死不哭亦足矣，又鼓盆而歌，不亦甚乎！」
> 莊子曰：「不然。是其始死也，我獨何能無概然！察其始而本無生：非徒無生也，而本無形；非徒無形也，而本無氣。雜乎芒芴之間，變而有氣，氣變而有形，形變而有生。今又變而之死。是相與為春秋冬夏四時行也。人且偃然寢於巨室，而我噭噭然隨而哭之，自以為不通乎命，故止也。」（〈至樂〉）

莊子對生死的態度是既不悅生，亦不惡死，這主題在前章已詳論過，而此節莊子對妻的死亡，看到的是生命的消長，從無到有，再從有到無，其中主要在於對生命的追溯，「從生命存在向前追溯，便可臻於無生命的形態；從無生命的形態，又可以進一步向無形、無氣的形態上溯。由無氣、無形、無生到獲得生命，又由生到死，這如同四季的交替，完全表現為一個自然的過程。換言之，生與死不過是天地演化過程中前後相繼的二個相關環節；作為宇宙循環中的現象，死自然不必成為哀傷的對象。當然，肯定生與死的自然性質，其意義不僅僅在於對非禮義的行為方式（妻死鼓盆而歌）加以辯護，而且更在於對生與死界限的進一步消解。」〔註21〕

四、鳳鳥與貓頭鷹

下有一則是莊子闡明惠施常以自己的頭腦來看別人，而將自己隱藏在內

〔註 20〕傅佩榮著，《解讀莊子》，頁 291。
〔註 21〕楊國榮，《以道觀之》，頁 257。

心深處的事情投射到別人身上的故事，這也告訴我們，一位神祕家是用怎般的超越視野來與世俗處。

　　　　惠子相梁，莊子往見之。或謂惠子曰：「莊子來，欲代子相。」於是惠
　　　　子恐，搜於國中三日三夜。莊子往見之，曰：「南方有鳥，其名鵷鶵，
　　　　子知之乎？夫鵷鶵，發於南海而飛於北海，非梧桐不止，非練實不食，
　　　　非醴泉不飲。於是鴟得腐鼠，鵷鶵過之，仰而視之曰：『嚇！』今子欲
　　　　以子之梁國而嚇我邪？」（〈秋水〉）

惠施其實反映著自己的想法，完全是自身汲汲追求政治的表現，而莊子以鵷鶵比喻自己是追求逍遙之境的人，怎會對政治地位感到興趣？所以說，莊子雖有惠施此一好友，但此友卻不曾真正瞭解過他。神祕家在世間是孤獨的，世人總難了解他們的想法。

五、好友惠施

　　雖然莊子常取笑惠施的世俗價值觀，然而惠施畢竟是莊子的好友，亦是辯論、談論理念的最佳對手，當惠施死後，莊子發出如下的感言：

　　　　莊子送葬，過惠子之墓，顧謂從者曰：「郢人堊慢其鼻端若蠅翼，使匠
　　　　人斲之。匠石運斤成風，聽而斲之，盡堊而鼻不傷，郢人立不失容。
　　　　宋元君聞之，召匠石曰：『嘗試為寡人為之。』匠石曰：『臣則嘗能斲
　　　　之。雖然，臣之質死久矣。』自夫子之死也，吾無以為質矣，吾無與
　　　　言之矣！」（〈徐无鬼〉）

從莊子的感慨中我們發現，惠施在思想上不但是莊子的對手，而且在〈天下〉篇中說明他是個以「善辯為名」之人，汲汲參與政治追求聲名，實為莊子所一再舉例的世俗之人的典型人物。我們從上一段中，也可看出莊子對惠施的情感，是一種哀痛朋友死亡的淒涼落寞的情懷，事實上「莊子的情感，是對天地間的至情，而不是個人的私情，他看整個宇宙，都是充滿生機，天地間的一草一木，甚至一塊石頭，一具髑髏，都是有生命的東西。對它們都能發生情感，也因為他對萬物都有感情，所以對萬物就沒有厭惡愛憎是非的觀念，對任何物體都一視同仁，物我之間沒有什麼差別，既然沒有差別，那就不必給加以感情上的區分，所以就變成無情，其實莊子的無情，正是他對於宇宙的大感情。」〔註22〕

〔註22〕黃錦鋐，《莊子及其文學》，（台北：東大，1984），頁7～8。

因此，莊子常用寓言、嬉笑、幽默之言詞來點化那修行比自己低的友人，也以「無情」中之「有情」來感嘆友人之死，以擊鼓來面對妻死，中間亦蘊含著以逍遙心態來對治悲傷，所以即使人間世界關係錯綜複雜，像是有用與無用，從超越的觀點看，看似無用，但藉著無用，不但可以保生，且不為外物所役，而達無用之大用；像是生與死，從超越的觀點看，不過是天地演化過程中前後相繼的二個相關環節，作為宇宙循環中的現象，死自然不必成為哀傷的對象，生也自然不是喜悅的來源，對生死的態度應是消解生與死的界限，既不悅生，亦不惡死。所以在世俗處於人群中，莊子重視的是回到自身，讓道通為一、物我為一，一切都成為一個整體，使自身生命無待自由而達致真正逍遙之境。

第四節　神祕家應世之道落實於社會團體面——以外交內政事項為例

人類是群居的動物，也因此人與人之間就會形成特殊性的關係。《中庸》裡把人分為五種倫理關係：父子、君臣、夫婦、兄弟和朋友。莊子雖然揚棄政治，但書中也談到在政治上、君臣之間關係的兩難問題。《莊子・人間世》談的是人間的世界，亦「是莊子感受到的世界」〔註23〕，而人間的世界首先面臨的即是以政治為中心的世界。「政治」英文為 politics，語源自希臘原文為 politeia，polis 為成邦，teia 為法則，而 politeia 意謂著治理群體之事務與國家建設之理則。柏拉圖（Plato）《理想國》（Republic）對話錄即用 politeia 此名，即「政治」意謂在團體層面上談治國之制度。

莊子在一開始的前三段文字中，就以政治為主題，展開人處於其中有何憂患與衝突，這些難題在在都考驗神祕家與世俗處的智慧，因為一稍微處理不慎，便會損身傷性、危及性命。不過莊子在〈人間世〉中要討論的並不是方法或原則來解決問題，而是回到人的自身來看待憂患與衝突。這正是莊子一貫面臨問題的態度，即先回到最初的根源來探究與看待枝末，始終看到的都會是事物的整體和全面的觀點。

一、使命必達的外交使節

莊子對於人生活在一個無道的政治權力當中，即使沒有外刑加身的人道

〔註23〕王博，《莊子哲學》，（北京：北京大學出版社，2006），頁25。

之患，但是自己內心的焦慮和緊張產生的陰陽之患，也足以讓自己不得安寧。

（一）人道之患與陰陽之患

莊子提出了一個任務的完成會有陰陽之患，不完成則會有人道之患，那身爲此任務的外交家，的確是進退兩難。莊子借孔子之口提出解決人道之患與陰陽之患兩難問題的見解。

> 葉公子高將使於齊，問於仲尼曰：「王使諸梁也甚重。齊之待使者，蓋將甚敬而不急。匹夫猶未可動，而況諸侯乎！吾甚慄之。子常語諸梁也曰：『凡事若小若大，寡不道以懽成。事若不成，則必有人道之患；事若成，則必有陰陽之患。若成若不成而後無患者，唯有德者能之。』吾食也執粗而不臧，爨無欲清之人。今吾朝受命而夕飲冰，我其內熱與！吾未至乎事之情，而既有陰陽之患矣；事若不成，必有人道之患，是兩也。（〈人間世〉）

事若成，則有陰陽之患；事若不成，必有人道之患，事情成與不成，兩者對身心而言其實都是大患，因爲事若不成，一定會受君王的懲罰，這就是人道之患，至於事情若成功了，而以前心中經常憂慮失敗，患得患失的煎熬，早已侵蝕身心，又有那來歡欣可言呢？在面臨不是人道之患，就是身心早已有陰陽之患，於是，莊子認爲以「行事之情而忘其身」是最能解決問題的。

（二）以「行事之情而忘其身」對治人道之患與陰陽之患

天下有兩個大戒：一是命，一是義。子女的愛父母，這是天命。這是人的天性在我們心中無法解除的。人臣的忠事君主，這是義，沒有一個地方沒有君臣，這個關係在天地之間也是無法逃避的。這兩者就是所謂的大戒。「大戒也可以看做是兩個大『桎梏』，或者『枷鎖』，存在於人的生命之中。不過這枷鎖或者桎梏不是人自己安置上去的，而是命運，是天。只要你生活在這個世界上，從生的那一刻起，你就被套進這桎梏之中，無法逃避。這是與生俱來的，無法選擇，因此也無法抗拒，認識到這一點是很無奈的，特別是對一個追求自由的人來說，但是從另一方面來說，認識到限制正是追求和獲得自由的前提。這種限制決定了莊子對這世界的有限度的肯定：不管你願不願意，你都生活在世界之中。因此這世界就不僅僅是身外之物，而是和身體血脈相連的存在。」〔註24〕

〔註24〕王博，《莊子哲學》，頁 26。

> 天下有大戒二：其一，命也；其一，義也。子之愛親，命也。不可解
> 於心；臣之事君，義也，無適而非君也，無所逃於天地之間，是之謂
> 大戒。是以夫事其親者，不擇地而安之，孝之至也；夫事其君者，不
> 擇事而安之，忠之盛也。自事其心者，哀樂不易施乎前，知其不可奈
> 何而安之若命，德之至也。為人臣子者，固有所不得已。行事之情而
> 忘其身，何暇至於悅生而惡死！（〈人間世〉）

所以事奉雙親的人，不管在什麼地方都能讓他們覺得安適，這就是孝的極致。
臣子事奉君王，也不論任何事情都能讓他們覺得妥當，這才是盡忠的極點。
從事內心修養的人，不受外在的一切悲哀和快樂的情緒所影響。知道任務的
困難，不是人力之所能及，卻盡力去做，把成與不成寄託給天命，這就是德
行修養的極點。為人臣和人子的人，固然有時會碰到不得已的事情，但只要
照事情的實際情況去做，忘記了自身的一切，又何至於貪生怕死呢？

　　莊子認為只要「行事之情而忘其身」，即不會悅生惡死，那更河況是陰陽
之患與人道之患。

　　（三）言語之患

　　凡是各國相交，對於鄰近的國家，一定要靠信用來維持關係。對於較遠
的國家，則只有靠言語的忠實來維繫了。

> 「凡交近則必靡以信，遠則必忠之以言」，言必或傳之。夫傳兩喜兩
> 怒之言，天下之難者也。夫兩喜必多溢美之言，兩怒必多溢惡之言。
> 凡溢之類妄，妄則其信之也莫，莫則傳言者殃。故法言曰：「傳其常情，
> 無傳其溢言，則幾乎全。」且以巧鬥力者，始乎陽，常卒乎陰，大至
> 則多奇巧；以禮飲酒者，始乎治，常卒乎亂，大至則多奇樂。凡事亦
> 然，始乎諒，常卒乎鄙；其作始也簡，其將畢也必巨。言者，風波也；
> 行者，實喪也。夫風波易以動，實喪易以危。故忿設無由，巧言偏辭。
> 獸死不擇音，氣息茀然，於是並生心厲。剋核大至，則必有不肖之心
> 應之，而不知其然也。苟為不知其然也，孰知其所終！（〈人間世〉）

言語，就像風波一樣，傳達言語總是有得有失。風波容易產生動盪，得失容
易帶來危險。所以當君王無端怒起，乃是由於傳話者的那些取巧的話語和偏
頗的言辭。野獸臨死的時候，尖聲亂叫，勃然發怒，心中同時也產生了殺機。
凡事逼迫太過分時，別人就會興起惡念來報復，而傳話者還不知是什麼緣故。
如果連觸犯了對方還不知道為什麼，誰又能知道事情會有什麼結局？

（四）以「乘物以游心」對治言語之患

古代格言有謂：「不要改變國君的命令，或是強求任務的達成。過度的言詞是多餘的。」

> 故法言曰：『無遷令，無勸成。過度益也。』遷令勸成殆事。美成在久，
> 惡成不及改，可不慎與！且夫乘物以游心，托不得已以養中，至矣。
> 何作為報也！莫若為致命，此其難者。（〈人間世〉）

改變命令，急於求成，都會有危險。成就一件好事在於持久的努力與長久的時間，做成一件壞事就後悔不及了，豈可不謹慎。只有乘順萬物的自然，使自己的身心悠遊其中，寄託於萬事萬物的不得不然，而涵養內在心靈的虛靜和諧，這才是最佳的方法。如何去做才能回覆君王所交的任務呢？最好的辦法莫如能順致天命的自然。成玄英《疏》云：「夫獨化之士，混跡人間，乘有物以遨遊，運虛心以順世，則何殆之有哉！」見道的神祕家在人間，人雖悠遊於萬物之中，卻是虛空心靈隨順世間，把自己的形體寄託於萬物變他之中，心和物相合。

因此，在人間世，遇到兩難的處境或碰到不得已的事情時，只要照事情的實際情況去做，不急於求成，不在意得失，忘記了自身的一切，而乘順事物的變化，人雖在事物之中，但心卻超然於事物之外，時時保持心靈的虛靜和諧，這是莊子認為最合乎大道的途徑。

二、教導太子

老師如果要教導一個天性好殺的太子，隨順他做些無法無天的事，將來就會危害國家；如果教導他做些循規蹈矩的事，老師可能因此危害到自身。太子的智慧足以知道別人的過錯，卻不知道自己的過錯。遇上這樣的太子，這位老師詢問莊子應該怎麼辦？

> 顏闔將傅衛靈公大子，而問於蘧伯玉曰：「有人於此，其德天殺。與之
> 為無方則危吾國，與之為有方，則危吾身。其知適足以知人之過，而
> 不知其所以過。若然者，吾奈之何？」蘧伯玉曰：「善哉問乎！戒之，
> 慎之，正女身也哉！形莫若就，心莫若和。雖然，之二者有患。就不
> 欲入，和不欲出。形就而入，且為顛為滅，為崩為蹶。心和而出，且
> 為聲為名，為妖為孽。彼且為嬰兒，亦與之為嬰兒；彼且為無町畦，
> 亦與之為無町畦；彼且為無崖，亦與之為無崖；達之，入於無疵。汝

> 不知夫螳螂乎？怒其臂以當車轍，不知其不勝任也，是其才之美者也。
> 戒之，慎之！積伐而美者以犯之，幾矣！汝不知夫養虎者乎？不敢以
> 生物與之，爲其殺之之怒也；不敢以全物與之，爲其決之之怒也；時
> 其飢飽，達其怒心。虎之與人異類而媚養己者，順也；故其殺者，逆
> 也。……可不慎邪！」（〈人間世〉）

莊子認爲應先從自己出發，要先端正自己，而外表上不妨遷就親近，內心裡
不妨隨和。雖然這樣，這兩種態度也有禍患。遷就親近不能太過份深入，隨
和不能太過份明顯。如果遷就太過份，自己也會喪失立場，必會墮落絕滅、
崩潰失敗。如果內心隨和太過份明顯，太子會以爲老師是在沽名釣譽，會使
詭計，善欺詐。所以太子如果像個嬰兒，老師就伴同他像個嬰兒；所以他如
果像沒界限的田地那樣漫無準繩，那老師也伴同他那樣漫無準繩；如果太子
跟老師不分界限，老師也就跟他不分界限。就這樣使他漸漸通達道理，進入
純然無疵的境界。

　　莊子又舉了養虎的例子說養老虎的人，並不敢用活的生物給老虎吃，這
是因爲不使老虎由於殺生而激起凶暴之性，更是不敢把整個動物形體給老
虎，這是因爲不使老虎由於撕物而引起殘酷之性。養虎的人必須注意觀察老
虎的飢飽時刻，熟悉牠喜怒的習性。老虎與人不同類，但卻會馴服於飼養的
人，那是因爲養虎的人能依順牠的習性；如果老虎傷人，則是因爲違逆了牠
的習性。所以教導太子如養虎一般，要非常的謹慎小心。

　　莊子認爲一位神祕家在面對執政者，如不能遠離政治或拒絕權力的呼
喚，全面的揚棄政治，就該如神龜寧可拖著尾巴在泥土裡走「寧生而曳尾塗
中」〈秋水〉，也不願死去才留著骨骸置於廟堂之上供人崇仰一般時，至少與
執政者相處，首先要端正自己，「排除自以爲是之見，然後是『形莫若就』，
即儘量親近對方，了解對方的喜好。最後是『心莫若和』，即與對方保持和諧，
但不要刻意爲之，而應順著對方的需求，再去轉化他。」〔註25〕這是與執政
者最不得已的相處方式。若是執政者自身即使是「帝王」，莊子也認爲應採無
爲之治，憨山大師曰：「莊子之學，以內聖外王爲體用，如前逍遙之至人神人
聖人……所謂治天下者，聖人之餘事也。」〔註26〕所以，莊子之學是以內聖
爲體，外王爲用，逍遙無爲的至人之境不在經世致用，外王非其用心所在，

〔註25〕吳怡著，《莊子內篇解義》，頁172。
〔註26〕釋憨山，《莊子內篇憨山註》〈應帝王〉之註解。

唯有逍遙無待的聖人以無爲而治，才是應爲帝王。郭象注就說：「夫無心而任乎自化者，應爲帝王也。」陸樹芝說：「帝王治人也，應帝王治法也。至天下則其事至紛矣，而有爲之治，不若無爲之治。無爲則遊於虛而實不可測，有爲則鑿破渾沌而反有大害。」〔註27〕皆在說明神祕家應世之道落實於社會團體面的「無爲」與「不得已」。

綜言之，神祕家在人間世界，若遇到不得已的處境，要照事情的實際情況去做，不急於求成，也不在意得失，忘記了自身的一切，而乘順事物的變化，人雖在事物之中，但心卻超然於事物之外，時時保持心靈的虛靜和諧。若是面對執政者，就要先端正自己，排除自以爲是的主見，再進一步親近對方，了解對方，最後即與對方保持和諧，但不刻意而應順著對方的需求，再去轉化對方，但這一切都是「不得已」的狀況下，不得已才勉強如此。莊子比較贊同的立場與「時」相應，「與時俱化」，不是要展現政治時代現實的變革，而是指向自身內在，使個體與時代、與整體萬物自然合而爲一。

結　語

〈天下〉篇說：「不敖倪於萬物，不譴是非」乃在於提示神祕見道所導致「平齊物議」的效用，即「論」上的破執、「物」上的破執、以及達致「萬物齊一」的效用。所以站在神祕經驗立場，人一旦在見道中融入了道之齊一，則相對之知上的是非，都在絕對之知的前提下化解。所以，在絕對無待的道體面前，一切是非對立都因而消除，即是平齊物議。

最初我們在本章的前言中談到《荀子‧解蔽》篇言：「莊子蔽於天而不知人」，其實莊子並非「不知人」，莊子尚且「食人間煙火」，只是在與道冥合的前提下「與世俗處」，在「獨與天地精神往來」中，達致「不敖倪於萬物，不譴是非」，亦即齊物與齊論，引申在人事上而爲「通人我」。

或許我們可以從「齊物」前提的「物物而不物於物」上，引申爲「人人而不人於人」，「人人」是與世俗相處，而「不人於人」是不被人間世俗所牽累。莊子並非庸碌於世俗事務的凡人，相反地，他在食人間煙火中超然物外，在冥合道體中體證「通人我」，也在「與世俗處」中體道，而且不忘點化有緣人，只是不欲被世俗所同化罷了。

〔註27〕見黃錦鋐對〈應帝王〉篇之主旨的註釋。

結　論
——回顧、展望、與啓發

　　我們雖然來不及揭盡莊學神祕體系的所有論點，然而綜觀前文第一到五章，我們可以得知莊子哲學所蘊含的完整理論與實踐系統的來龍去脈。

一、章節回顧

　　作爲前文各章節的回顧，我們可給予以下的撮要：

　　凡修行必有一最終目的，從第一章「上與造物者遊」一語提示出莊子以「造物者」作爲其嚮往的宗向，並以個人與造物者「遊」作爲所欲達致的理想目標。「遊」這種心靈的體證，一方面是入於自由的精神狀態，即「無功」、「無名」、「無己」之境；另一方面是達致與道合一的境界，即「乘天地之正，而御六氣之辯，以遊無窮」之境。而「遊」入「境界」才有神祕經驗的朗現，所以從神祕經驗中探討其特徵與型態，可以讓我們明白最後心靈的歸向，莊子是從「萬物與我爲一」指向自然論神祕主義向度，「安排而去化，乃入於寥天一」指向一元論神祕主義向度，「偉哉！夫造物者將以予爲此拘拘也」指向有神論神祕主義向度，「藐姑射之山有神人居焉」指向巫祝論的終極精神方向。莊子在神祕主義的型態上至少可說是一個隱然的有神論者的型態，但又與形上一元論之說相融合、而又圓融地接納了自然論和巫祝論的意境而形成一更大的整合。

　　至於人憑藉什麼依據來達致「與造物者遊」？我們可從第二章「獨與天地精神往來」一語中的「獨」、「天地」與「精神」揭示著人如果可以「與天

地精神往來」，那就會是修行者以其「精神意識」來跟「天地精神」契合。再者，「獨」一字相應〈大宗師〉語：「朝徹而後能見獨」之「見獨」一辭，而「見獨」即「見道」，也就是說人的精神可藉意識的轉變而達致「見道」。換言之，人以其能轉變意識的「精神體」作依據，得以從世人一般的普通意識而轉變至見道的超越意識，莊子以「小知」爲一般感官經驗之知；然而，人的心智尚有其超越的潛能允許他達致「眞知」，即他擁有那能導致見道的心靈結構，當人揚棄「小知」而透過精神生命的超越覺醒，他可引申直覺體悟以達致「大知」的神祕之知，並藉此神祕經驗而與造物者遊。也就是說，人以其具有「見道」潛能的精神意識作出發點，而有能力經過修練而達到冥合的目標。

至於從「獨與天地精神往來」且以能轉化之心識作根據，到「與造物者遊」以冥合道體作宗旨，所須經歷的路程會如何？又須經過什麼過站來達致目的？其修行的方法又是如何？第三章談「調適而上遂」，體會此語隱晦著一條修行的途徑。從「調」整心弦、「適」應目標，到往「上」超越，至最終「遂」本返始。類比著天主教神祕靈修的「煉路」、「明路」、「合路」，也相似著佛教唯識宗所標榜的「資糧位」、「加行位」、「見道位」、「修道位」、「究竟位」。莊子的修行方法含有「有神論」修行途徑的兩個特色，特色一是靈修等級愈高則愈「被動」；特色二是靈修進階從主動「默想」至被動的「默觀」；此外，其修行途徑亦包含有「一元論」與「巫祝論」的特色，透過「主動」、「有爲」之修練工夫，亦即「心齋」、「坐忘」、「守」、「學習」之實踐方法調適而上遂，以至於能與萬物爲一，終見大道，達神祕主義的最高峰時刻。

神祕主義者在見道、得道中所獲致的效用，即如第四章「下與外死生無終始者爲友」所言，人之所以能「超生死」乃是由於「見道」的神祕經驗所致。得道者，因在見道中，與道同體，以致面對身外之物而言可以平齊物論；面對個人生命而言，可以超越生死。一方面不但可以化解對「所知」境物與「能知」心識之產物的執著，另一方面甚至可以化解對個人肉體生命之執著，而時間得以在永恆中消失，在見道中處於「超越時間」的意識狀態，所以「無終始」既是見道的情狀，同時也是見道後的效用，得道者日後常可藉著「見道」而一再入於「永恆」的狀態。

最後一章，莊學修行所導致的平齊物議「不敖倪於萬物，不譴是非」，與所導致的人際社交「與世俗處」，說明人在見道後，消極面上消除言論爭

議，積極面上體會到萬物齊一。所以人在見道中，不單廣泛地蘊含「不敖倪於萬物」所指向的「齊物」，與「不譴是非」所指向的「齊論」而已，「齊物」、「齊論」之效用甚至可擴延及人事，而爲「與世俗處」，在世俗中眞正達到超出相對，融入絕對的見道之知。也就是說莊子的學理有著神祕主義的多重效用。

或許我們可以從「齊物」前提的「物物而不物於物」上，引申爲「人人而不人於人」，「人人」是與世俗相處，而「不人於人」是不被人間世俗所牽累。莊子並不隱世獨居，相反地，他在食人間煙火中超然物外，在冥合道體中體證「道通爲一」，也在「與世俗處」中體道。

我們以上述章節作基礎，就可以在議題上有以下的展望。

二、議題展望

得道者體道以後，尚且不忘「以謬悠之說，荒唐之言，無端崖之辭」來自況，和「以卮言爲曼衍，以重言爲眞，以寓言爲廣」來點化有緣人，並在得道中體證美的境界，而成就了《莊子》一套完整神祕主義的理論與實踐系統。本論文雖未及分析「莊子的神祕語調」和「莊子對美的體證」這兩個議題，然而按〈天下〉篇論莊子的提示，此二議題仍屬莊學神祕體系中的重要論點，爲此我們展望著以下的一些反思：

（一）《莊子》的神祕語調

莊子將得道者語調分爲得道語、間奏語、勸化語三種型態：得道語爲「以謬悠之說，荒唐之言，無端崖之辭，時恣縱而不儻，不以觭見之也。」「謬悠」、「荒唐」、「無端崖」等辭所指的義蘊應是得道者因體道而在話語中表現出其博大精深的一面；間奏語是「以天下爲沈濁，不可與莊語。」此暗示一份間奏語，介於得道語和勸化語中間，因爲尚有一部份人士一方面尚未得道，而另一方面卻也有心向道的初學者，他們可以接受「莊語」，「莊語」意謂莊正嚴肅之語，有別於一般勸化世人之用語；勸化語爲「以卮言爲曼衍，以重言爲眞，以寓言爲廣。」莊子以「卮言」、「重言」、「寓言」來勸化一般世俗人，多半是象徵語，但爲道家型人物而言，道家在勸化中較不採用莊正的言論，而較側重變化不定之「卮言」，或引用權威人物之「重言」，或用故事說理方式的「寓言」。茲把莊子語調的三型態作較細緻的描述如下。

1、得道語

得道或體道之人不一定必須保持沈默，他仍多少可以發表個人感受，「謬悠之說，荒唐之言，無端崖之辭」意謂其所表達的用語在意境上之高遠；得道者因體證道體之終極境界，而知道普通日常用語無法充份表達其中的高遠於萬一，但以其見道經驗作基礎，到底可以一語道破道體內涵，而其他得道者可以用此等語言來印心，得道者未必要用此等語言來教誨後世，到底個人「有所感」，自會透過諸如語言等方式來「形諸外」。不論東西方之神祕見道者，多少會有如神祕詩篇般的作品出現，用以抒發個人感受，例如聖十字若望的詩集就是如此，他並不一定要用來遺教後世，到底可借此而詠歎與傳情，以致讀者們可以藉著閱讀到這類作品而多少沾得其中對體證道體時那份崇高源遠精深之感受，而〈大宗師〉幾位得道者的談話內容〔註1〕可以算得上是屬於這類言辭。

〈天下〉篇除了對「得道語」有所提示外，尚且直接或間接地涉及「間奏語」型態。

2、間奏語

「以天下為沈濁，不可與莊語」，何謂「莊語」？成玄英《疏》云：「莊語猶大言也」陸明德《釋文》云：「一云莊正也。一本作壯，……端大也。」郭慶藩案：「莊，壯，古音義通。」然而這都是後人之注解，莊子未明言其意。「莊語」是否等同於得道者語？或等同於卮言、重言、寓言般的象徵語用以勸化世俗？或間於二者之間的間奏語？我們由前後文推測其含意為：有人未得道，但欲得道，且誠心追求、尋求道，類比佛家唯識宗所談之「資糧位」（我們可稱之為「慕道者」，甚至「入門者」、「開始者」、「煉路者」，亦或「明路者」，此類人有心向道，只是尚未見道而已）面對此等人物，我們所須用的語言，看來相應〈天下〉篇所言之「莊語」，有別於得道者間的印心語、或勸化凡俗而用之象徵語，雖然也不完全排斥此等用語，到底三者間彼此有別，而「莊語」看來類比西方神學之系統神學、信理教訓，或佛學之經、律、論，甚至道教語重心長之訓誨語。在《莊子》書中看來也不時出現此等語調，例如〈庚桑楚〉談「達道之塞」，即說教意味重，而少用象徵語，反而直截談修行步驟之積極與消極面，類比西方系統神學、倫理神學、靈修學書籍之行文方式。

〈天下〉篇除提及「得道語」和「間奏語」外，尚且不忘記「勸化語」。

〔註1〕例如南伯子葵問乎女偊有關「見獨」、「攖寧」，或是子祀子輿子犁子來四人相與語，以及子桑戶孟子反子琴張三人相與語等，皆是得道者的得道語。

3、勸化語

不論「巵言」、「重言」、「寓言」〔註2〕，看來都可歸納為同一類語言，即用以勸化世人歸向道體之「勸化語」，其中「寓言」尤佔十份之九，即莊子大部份以「象徵語」來點化世人。「象徵語」讓人不必拘泥於艱深的言辭，而能因喻比況，較易給俗人指點迷律。

我們發現這樣一件有趣的事，即〈天下〉篇先提及「巵言」，再談「重言」與「寓言」；反之，〈寓言〉篇卻在次序上倒轉過來說：「寓言十九，重言十七，巵言日出，和以天倪。」我們初步體認是：〈寓言〉篇看來從莊子文章的「量」上指出其所用的「寓言」在數量上超出其他二者，也就是說莊子多用寓言來勸化世人，而「寓言」中也有不少是與「重言」混合在一起，即莊子也往往借用重量級人物如孔子、老子等人之口來講寓言。至於〈天下〉篇卻先談「巵言」──合於自然分際的「無心之言」〔註3〕，看來〈天下〉篇是較側重在「質」上為此三者排序，也就是說在勸化語的重要性上說以「巵言」為優先，「巵言」是「觭見」之反，「觭見」即主觀的、偏頗的、結黨營私之語；反之，「巵言」即超越主觀而達致「平齊物議」之無心、不主觀之言論。得道者在勸化世人中而不立於偏私之言論，乃是勸化語的最高境界。

綜言之，莊學神祕修行之語調，可略分為得道語、間奏語、勸化語三種不同型態，因應著對象不同而有不同的語調內容。以上的反思，是我們對莊子語調之分析所能有的一份展望。而我們所展望的第二個議題是莊子所體證的美的境界。

（二）《莊子》對美的體證

莊子將得道者所體會的「美」的屬性，藉著著作文字表達，讓讀者也從中意會「美」的意境，以及「美」與「道」的內在關連，就「其書雖瓌瑋，而連犿無傷也。其辭雖參差，而諔詭可觀。彼其充實，不可以已。」字裡行間，分別提示道體之「美」、人在體道中所證得之「美」、以及得道者藉語言文字所表達的「美」。其中「其書雖瓌瑋」──「瓌瑋」一辭意指「豪放之美」，亦即「壯美」；「而連犿無傷也」──「連犿」一辭意指「婉約之美」，亦即「優美」；「其辭雖參差」──「參差」一辭寓意著張力與情緒波動或糾纏，看來凸顯著人生的悲劇面；「而諔詭可觀」──「諔詭」一辭提示出莊子文辭上的

〔註2〕詳細的辭義請參閱「導論」篇的說明。
〔註3〕陳鼓應，《莊子今注今釋（下）》，頁793。

滑稽嬉笑面，象徵著人生的喜劇面，所以就「美境」而言，如同我們在導論篇所分析的，它透顯出豪放面、婉約面、悲劇面與喜劇面四個面向。

1、「壯美」與「優美」

「其書雖瓌瑋，而連犿無傷也」從中我們看出莊子想分別表現的兩點：

一是「其書雖瓌瑋」，「瓌瑋」一辭意指「豪放之美」，亦即「壯美」。二是「而連犿無傷也」，「連犿」一辭意指「婉約之美」，亦即「優美」。布爾柯（Edmund Burke）提出「美」時，將「美」分為「豪壯」（the Sublime），像是貝多芬的音樂有豪壯的特質；與「優美」（the Beautiful），例如蕭邦的音樂，這兩種區分。而中國的古典詩詞也分「豪放派」，例如李太白的詩；與「婉約派」，例如李商隱的詩。莊子文章卻兼備了「壯美」與「優美」，像是大鵬鳥的「壯美」與安之若命的「優美」。

2、「悲劇面」與「喜劇面」

「其辭雖參差，而諔詭可觀」意謂其辭雖虛實不一、變化多端，但卻是滑稽奇異可觀，而從中我們也推論出莊子所透顯的兩點：「其辭雖參差」，「參差」一辭寓意著張力與情緒波動或糾纏，看來凸顯著人生的悲劇面。「而諔詭可觀」，「諔詭」一辭提示出莊子文辭上的滑稽嬉笑面，象徵著人生的喜劇面。

《莊子》一書蘊含悲劇面向，我們可以從莊子妻死與好友惠施之死，看出莊子雖表面歡樂，內心有著對親情與友情悲傷的一面。另外，「知其不可奈何而安之若命」（〈人間世〉）、「安時而處順，哀樂不能入也」（〈養生主〉），都是先有「哀」與「樂」作前提，始可言「不能入」。所以「參差」一方面可隱喻與外在事功糾纏之苦況；另一方面可隱喻內心之纏擾。也因此「參差」至少不與「悲哀」義相左。

〈天下〉篇論莊子的部份多用對比呈現，其中「參差」與「諔詭」應是一對比，根據文意可詮釋為「悲」與「喜」、「哀」與「樂」之對比，有時悲、喜劇亦會混合在一起而糾纏不清，如同《阿Q正傳》正是二者對比、混合。希臘文化戲劇中之悲劇也早於喜劇，因此「參差」與「諔詭」之對比也遙契希臘戲劇之「悲劇」與「喜劇」的先後呈現。

3、莊子神祕體道中所證得的藝術精神與美的境界

「彼其充實，不可以已」透顯了莊子欲達成其應有的理想典型，並也暗

示著莊子從神祕經驗中所證得的藝術精神與美的境界。「不可以已」是無止境，亦是大，是「至美」與「大美」而也相應著孟子所說的：「充實之謂美，充實而有光輝之謂大」。這兩也常用來衡量古今中外詩的審美標準，「大」是磅礴、浩瀚。至於「充實」一辭，據聖多瑪斯‧亞奎納（St. Thomas Aquinas）談型器之美的說法，是存有者之所以可被欣賞，乃是因為它「充實」，而「充實」包含完整或完美（integrity or perfection）、和諧或對稱（due proportion）、與光輝（brilliance）三要素，其中光輝含括了色澤之美與形式之美，而形式是表現創作者或藝術家之理想與創作力，也因此形式之美是自然物或藝術品中之理想與價值。

神祕經驗是可以帶動藝術成就的，因為人在合一的妙境裡會通過天地間大自然的美，而通達那內在於萬物裡的道，像聖十字若望即為西班牙的第一詩人；而藝術美感同樣也帶動神祕嚮往，莊子哲學並不以宗教經驗為依歸，是以某種審美態度為指向。也因此莊子哲學即美學。他要求對整體人生採取審美觀照態度，讓自我與整個宇宙合為一體。所以莊子的美學植根在對自我生命的實踐，亦是種生命美學，他所根據的不但是主體「虛無」的工夫實踐，而在體道中透顯出的人格之美。因此《莊子》中的至人、真人、神人，即藝術精神呈現了出來的人，亦即是人在體道中，自我與整個宇宙合一而藝術化了的人。〔註4〕

從行文的形式上看，〈天下〉篇論莊子把「美的體證」放在「核心語（一）」與「核心語（二）」中間，這表示我們須從神祕體道的前提談美，而「美的體證」在〈天下〉篇論莊子全段中是最中心位置，即表示美以神祕經驗作為基礎。

以上二議題因篇幅上的關係，雖然在本論文未及分析，但卻是《莊子》神祕主義向度中相當重要的兩個面向，期待他日有機會再完成。

總之，〈天下〉篇論莊子學說，我們可因而了解到莊學為一套完整的神祕主義理論與實踐，從整體中我們可以細分為不同的部份，並以下圖總覽莊學神祕體系全貌（見圖4）：

〔註 4〕關於美的體證，請參閱「導論」篇的說明。

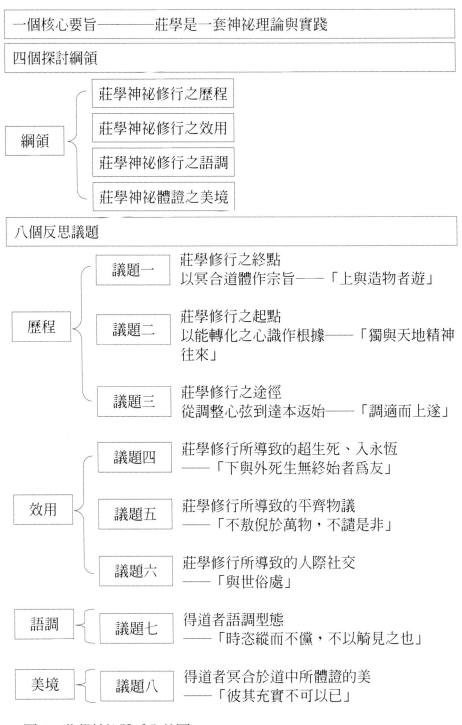

圖 4：莊學神祕體系全貌圖

三、《莊子》的神祕主義對現代心靈的啓發

　　《莊子》的神祕主義啓發了現代心靈可以超越世俗既定的框架，並以新的思維方式與多維向度，重新來審視自己的生命。

（一）超越世俗既定的框架

　　〈天下〉篇論莊子的部分，一開始即給了我們宇宙萬物都包羅在內的境界，「芴漠無形，變化無常。死與生與，天地並與，神明往與！芒乎何之，忽乎何適，萬物畢羅，莫足以歸。」在世俗裡，我們一般人總是不自覺地依照習俗常規而日復一日行事，如同行星依既定的軌道在太空中拖曳而行，丹麥哲學家齊克果的一個比喻來說明人的這種不自覺的狀況：一輛馬車載著人在熟悉的路上行駛，即使馬車上的馭者睡著了，馬車依然能夠向著熟悉的方向前行。〔註5〕

　　「芴漠無形，變化無常。」而人一旦被從特定的格式中解放了出來，卻難免失去依賴，而產生「何之、何適」的茫然感，面臨著的將是一個一無所待的嶄新天地。莊子的哲學便是教人在一個封閉的世界打破後，如何走出舊觀念的洞窟，去重新安排自己的生命。所以莊子一方面明白深刻地指出「喪己於物，失性於俗者，謂之倒置之民。」（〈繕性〉）並對世俗所追逐的價值與既定的形式提出深刻的反省，使我們警示到不把自己的觀點當成唯一的真實，甚至是用自己的權勢去排斥或否定他人的觀點，造成另一種獨斷。

（二）轉換思維方式

　　在〈齊物論〉中，我們看到了一個多元化的世界，物的世界並沒有絕對的是非標準，只有每個人自己的是非，甚至自己在生命的不同階段也都有不同的想法標準，所以莊子提出了在世俗與人處時，首先需調整習慣性的思考方式與既定是非模式，朝多向變通，倘若我們能打破世俗既定的框架，通於「有情」與「無情」、「有限」與「無限」、「有用」與「無用」、以及「有我」與「無我」的意識空間，從而形成重新看清事物本質的洞察（insight），我們就能因了解見道的超越視野而不敖視於萬物，不譴是非，尊重他人個體意識

〔註 5〕陳鼓應，〈道家的社會關懷〉，《道家文化研究》，第十四輯，（北京：三聯，1998），
　　　　頁 115。

的存在，而使各種思想如「昔者十日並出，萬物皆照」、「萬竅怒呺」(〈齊物論〉)，自身卻能自得其適，縱身大化，不致侷限事物、不被概念所限而逍遙於世俗之中。

（三）開拓多維向度

另一方面莊子也運用浪漫主義的筆法〔註6〕，帶領人們從河伯的天地走進海若的世界，從學鳩的場所走進鯤鵬的天地，教人不以侷限於目前的外在框架，而朝自身生命擴展層層視域，開拓多維的心思向度，像是本文的脈絡所說：以「獨與天地精神往來」為其轉化心識的根據，「上與造物者遊」為其宗向，而貫穿「心齋」、「坐忘」、「守」、「學習」之實踐方法調適而上遂，以至終能與萬物為一，終見大道，而達神祕主義的高峰狀態。

史泰司說：「幾乎所有的人在某種意義下，都是初階的冥契者，或是尚未發展的冥契者，只是我們大部分的冥契狀態往往深埋在無意識中，它浮現在我們心靈的表層時，化身為對冥契者清晰呼喚的一種模糊感受之同情反應。」〔註7〕也就是說，並非只有神祕主義者才能感受到神祕經驗，每個人的心靈其實是都能感受到神祕經驗，因為我們每個人都有其轉化心識的根據，只要我們能知其最終宗向，向著目標修行前進，也能達致自己最高的境界。若依佛家的語言表達，我們都是處於不斷的開悟境界中，肯恩·威爾伯（Ken Wilber）在《萬法簡史》中就如此形容：色相的生起不但不會中斷，我們和色相的關係也不會中斷，所以我們不是要擺脫色相、遠離色相、擱置色相，而是要徹底融入色相。色相的生起不會中斷，我們也永遠不會到達終點。開悟就是在色相不斷生起的過程裡，永遠把它們看成空中生妙有。我們和生起的諸相是一體的，從這個角度來看，我們早就「開悟」了；但是從另一角度看，因為色相一直不斷在生起，所以開悟也一直在持續著。我們絕不會處在一個沒有進步的獨立悟境裡。我們總是在學習新的事物，因此我們的整體狀態地一直在進化。所以我們可以有某種突破性的開悟經驗，但這只是一個無止境的過程的開端罷了，我們將乘著現象的波浪不斷地開悟。〔註8〕換言之，我們也都

〔註6〕 陳鼓應，〈道家的社會關懷〉，頁115。
〔註7〕 史泰司，《冥契主義與哲學》，頁11。
〔註8〕 肯恩·威爾伯（Ken Wilber）著，廖世德譯，《萬法簡史》，（台北：心靈工坊，2005），頁330～331。

是不斷的處在於覺醒變動的過程中，時而清明、時而混亂，然而不管過程如何，《莊子》提醒著我們：每個人都身在道中，都在追求一種與道冥合的境界。

　　總言之，《莊子》的神祕主義不但是啓發了現代心靈，甚至超越世俗既定的框架，讓我們以新的思維方式與多維向度，重新來審視自己的生命，使我們的生命透過《莊子》內醒人的字字珠璣不斷覺醒，而能在道中安適自在，和諧與世俗處。

結語——《莊子》的提示歷久彌新

　　最後，我們可用現代人對超越的嚮往這一現象來意會我們有重新聆聽《莊子》的必要。二十世紀自 60 年代起，西方忽然有大量的青年人開始吸食大麻以求「超越經驗」（Getting High），也有不少西方人開始注重東方靈修，如印度教、佛教、道教、甚至薩滿等修練功夫，而東方宗教信仰在西方有愈來愈興盛的趨勢，甚至在學術界中，漢學方面的靈性修養面也倍受重視。在眾多研討中，其中外國人對《莊子》的研究愈來愈興旺，看來這不是一件偶然的事。這現象向我們透露兩件事：其一、人心本來就嚮往其最終本體，人若不以體道爲其最高職志，他將永不絕對滿足。其二、東方靈修可以與西方靈修對話而互相補充與相輔相成，其中《莊子》是深具價值的典籍，《莊子》內容不單文辭並茂，對神祕修行的深刻提示尤其歷久彌新。誠然，《莊子》的教誨不單適用於當時他的年代，時至今日，當我們重新閱讀內文，也體會到他的理論與實踐都適合我們當代的人，只要我們細心聆聽，一樣可以隨莊子的修行上與造物者遊、獨與天地精神往來而得一切神祕經驗的效用。因此，我們希望能藉此初步的研究，喚起更多人心中原有的那份對本體宗向的嚮往之心。

參考書目

中文參考書目

一、古籍文獻

《莊子》相關注釋

1. 王先謙，《莊子集解》，台北：東大，2006。
2. 王叔岷，《莊子校詮》，台北：中央研究院，2007。
3. 吳怡著，《新譯莊子內篇解義》，台北：三民，2000。
4. 林希逸，陳紅映校點，《南華真經口義》，雲南：人民，2002。
5. 郭慶藩輯，王孝魚整理，《莊子集釋》，台北：華正，2004。
6. 陳鼓應，《莊子今注今釋》，台北：商務，1994。
7. 陳壽昌輯，《南華真經正義》，台北：新天地，1972。
8. 陸西星，《莊子南華真經副墨》，台北：自由出版，年代不詳。
9. 傅佩榮著，《解讀莊子》，台北：立緒，2002。
10. 黃錦鋐註譯，《新譯莊子讀本》，台北：三民，2007。
11. 憨山，《莊子內篇憨山註》，台北：新文豐，1993。

其他典籍注釋

1. 王明編，《太平經合校》，北京：中華 1997。
2. 司馬遷，《史記》，台北：新陸，1964。
3. 司馬承禎著，張松輝注譯，《新譯坐忘論》，台北：三民，2005。
4. 馬端臨，《文獻通考·經籍》，台北：商務，1987。
5. 張揖撰，王念孫疏証，王雲五主編，《廣雅疏証·卷三（上）》，台灣：商

務，1968。

6. 陳振孫，《直齋書錄解題》，台北：廣文，1968。

7. 滕志賢注譯，《新譯詩經讀本》，台北：三民，2000。

8. 羅時憲編纂，《佛經選要》下集，香港：金剛乘學會，1961。

二、相關論著

1. 文崇一，《楚文化研究》，台北：三民，1990。

2. 方東美，《方東美全集·生生之德》，台北：黎明，2005。

3. ──《原始儒家道家哲學》台北：黎明，1984。

4. 毛峰，《神秘詩學》，台北：揚智，1997。

5. 王叔岷，《莊學管闚》，台北：藝文，1978。

6. 王昌祉，《諸子的我見》，台中：光啓，1961。

7. 王凱，《逍遙遊──莊子美學的現代闡釋》，湖北：武漢大學，2004。

8. 王博，《莊子哲學》，北京：北京大學出版社，2006。

9. ──《無爲與逍遙──莊子的心靈世界》，北京：華夏，2007。

10. 包兆會，〈莊子中的神秘主義〉，《莊子生存論美學研究》，南京：南京大學，2004。

11. 印順，《成佛之道》，台北：正聞，2003。

12. 牟宗三，《智的直覺與中國哲學》，台北：商務，1971。

13. 牟宗三講述，陶國璋整構，《莊子齊物論義理演析》，台北：書林，1999。

14. 吳汝鈞，《老莊哲學的現代析論》，台北：文津，1998。

15. 李澤厚，《中國古代思想史論》，台北：風雲，1990。

16. 杜保瑞，《莊周夢蝶》，台北：書泉，1995。

17. 周雅清，《成玄英思想研究》，台北：新文豐，2003。

18. 金自鉉，《莊子哲學中「天人之際」研究》，台北：文史哲出版社，1986。

19. 唐君毅，《中國哲學原論：原道篇貳》，香港：新亞，1973。

20. ──《中國哲學原論：原道篇壹》，香港：新亞，1973。

21. 徐復觀，《中國人性論史：先秦篇》，台北：台灣商務，2007。

22. ──《中國藝術精神》，台北：學生，1966。

23. 高柏園，《莊子內七篇思想研究》，台北：文津，1992。

24. 張亨，〈莊子哲學與神話思想──道家思想溯源〉，《思文之際論文集──儒道思想的現代詮釋》，台北：允晨，1997。

25. 郭秀娟，《認識聖經文學》，台北：校園書房，2001。

26. 莊慶信，《中西環境哲學——一個整合的進路》，台北：五南，2002。

27. 孫中峰，《莊學之美學義蘊新詮》，台北：文津，2005。

28. 陳品卿，《莊學新探》，台北：文史哲出版社，1983。

29. 陳鼓應，《老莊新論》，台北：五南，1993。

30. 陳德光，《艾克哈研究》，台北：輔大出版社，2006。

31. 陳德和，《道家思想的哲學詮釋》，台北：里仁，2005。

32. 傅偉勳，《從創造的詮釋學到大乘佛學》，台北：東大，1990。

33. 勞思光，《中國哲學史：卷一》，台北：三民，2004。

34. 馮友蘭，《馮友蘭文集、中國哲學史（上）》吉林：長春，2008。

35. 黃錦鋐，《莊子及其文學》，台北：東大，1984。

36. 楊國榮，《以道觀之》，台北：水牛，2007。

37. 楊儒賓，〈支離與踐形——論先秦思想裡的兩種身體觀〉，《中國古代思想中的氣論及身體觀》，台北：巨流，1993。

38. ——《先秦道家「道」的觀念的發展》，台北：台大，1987。

39. 聖嚴法師，《探索識界——八識規矩頌講記》，台北：法鼓文化，2001。

40. 葉海煙，《莊子的生命哲學》，2版，台北：東大，2003。

41. 達賴喇嘛，《修行的第一堂課》，台北：先覺，2005。

42. 聞一多，《聞一多全集》，上海：開明，1947。

43. 劉笑敢，《莊子哲學及其演變》，北京：中國社會科學出版社，1993。

44. 魯迅，《阿 Q 正傳》，台北：谷風，1987。

45. 謝幼偉，〈直覺與中國哲學〉，《中國哲學思想論集——總論篇》，台北：水牛，1990。

46. ——《哲學講話》，台北：文化大學，1982。

47. ——〈黑格爾的辯證法〉，《黑格爾哲學論文集》，台北：中華，1956。

48. 關永中，《神話與時間》，台北：台灣書局，1997。

49. 關鋒，《莊子內篇譯解和批判》，北京：中華，1961。

50. 嚴靈峰，《老莊研究》，台北：中華，1966。

51. 顧偉康，《拈花微笑——禪宗的機鋒》，台北：風雲時代，1993。

三、翻譯著作

1. 方東美著，孫智燊譯，《中國哲學之精神及其發展》，台北：成鈞，1984。

2. 以利亞德（Mircea Eliade）著，武錫申譯，《不死與自由——瑜伽實踐的西方闡釋》，北京：中國致公，2001。

3. 史泰司（W. T. Stace）著，楊儒賓譯，《冥契主義與哲學》，台北：正中，

1998。

4. 杜普瑞（Louis Dupré）著，傅佩榮譯，《人的宗教向度／The Other Dimension》，台北：幼獅，1986。

5. 杜善牧著，宋稚青譯，《老莊思想分析》，台北：光啓，1988。

6. ──《老莊思想與西方哲學》，台北：三民，1968。

7. 威廉·詹姆斯（William James）著，蔡怡佳、劉宏信譯，《宗教經驗之種種》，台北：立緒，2003。

8. 夏夫斯坦（Ben-Ami Scharfstein）著，徐進夫譯，《神秘經驗》，台北：天華，1982。

9. 高達美（Hans-Georg Gadamer）著，洪漢鼎、夏鎮平譯，《眞理與方法》台北：時報，1996。

10. 康德（Immanuel Kant）著，鄧曉芒譯，《實踐理性批判》，台北：聯經，2004。

11. ──宗白華譯，《判斷力批判：上卷》，北京：商務，1964。

12. 聖女大德蘭著，趙雅博譯，《聖女耶穌大德蘭自傳》，台北：慈幼，1994。

13. ──《七寶樓台》，台北：光啓，2005。

14. 聖多瑪斯·亞奎納（St. Thomas Aquinas）著，周克勤等譯，《神學大全》，台南：中華道明會／碧岳學社，2008。

15. 葛瑞·雷納（Gary R. Renard）著，若水（劉巧玲）譯，《告別娑婆》，台北：奇蹟，2007。

16. 福永光司著，陳冠學譯，《莊子》，台北：三民，1988。

17. 摩訶提瓦著，林煌洲譯，《印度教導論》，台北：東大，2002。

四、論文期刊

論文

1. 林九絡，《王門心學的神秘主義向度──自我探索與道德實踐的二重奏》，台大哲學所博士論文，2006 年 6 月。

2. 賴錫三，《道教內丹的先天學與後天學之發展和結構──「精、氣、神、虛」系統下的道論與氣論》，清華大學中文所博士論文，2001 年 5 月。

期刊

1. 沈清松，〈莊子的人觀〉，《哲學與文化》，14 卷 6 期，（1988 年 6 月），頁 13～23。

2. 陳鼓應，〈道家的社會關懷〉，《道家文化研究》，第十四輯，（北京：三聯，1998），頁 100～116。

3. 張廣保，〈道家的夢論與道論〉，《道教月刊》，36 期，（2008 年 12 月），

頁 13。

4. 張天昱，〈從「思」之大道到「無」之境界——海德格與老子〉，《道家文化研究》，第四輯，（上海：上海古籍，1994），頁 396～410。

5. 賴錫三，〈論道家的逍遙美學——與羅蘭‧巴特的「懶惰哲學」之對話〉，《台大文史哲學報》，第 69 期，（2008 年 11 月），頁 1～37。

6. ——〈莊子精、氣、神的功夫和境界——身體的精神化與形上化之實現〉，《漢學研究》，第 22 卷第 2 期，（2004 年 12 月），頁 121～154。

7. 關永中，〈上與造物者遊——與莊子對談神祕主義〉，《台灣大學哲學評論》，第 22 期，（1999 年 1 月），頁 137～172。

8. ——〈「獨與天地精神往來」—與莊子對談神祕經驗知識論〉，《第三個千禧年哲學的展望—基督宗教與中華文化交談—會議論文集》，台北：輔大出版社（2002），頁 107～156。

9. ——〈不敖倪於萬物，不譴是非〉，《台灣大學哲學論評》，第 32 期，台北：台灣大學，（2006 年 10 月），頁 45～74。

10. ——〈死亡的一剎那〉，《哲學與文化》，24 卷 6、7 期，（1997 年 6 月），頁 510～554。

11. ——〈神秘主義及其四大型態〉，《當代》，第 36 期，（1989 年 4 月），頁 39～48。

12. ——〈超越的切慕、洞察與歸化——兼論聖十字若望對郎尼根體系能有的補充與啓發〉，《哲學與文化》，33 卷 11 期，台北：輔大，（2006 年 11 月），頁 21～62。

13. ——〈聖女大德蘭「靈心城堡」簡介〉，《神思》，79 期，（2008 年 11 月），頁 69～85。

14. ——〈默觀在神祕修行前提下所蘊含的煉淨與結合——聖十字若望的提示〉，《輔仁宗教研究》，17 期（2008 夏），頁 109～139。

15. ——〈瀕死——雷蒙‧穆迪《生後之生》的啓示〉，《輔仁宗教研究》，第 3 期，（2001 年夏），頁 55～86。

16. ——〈「神秘主義：神聖與世俗」書評〉，《哲學雜誌》，第 3 期，（1993 年 1 月），頁 237～240。

西文參考書目

1. Aquinas,Thomas. *Summa Theologiae*. Madrid: Editorial Catolica, 1961.

2. Boros, Ladislaus. *The Moment of Truth: Mysterium Mortis*. London: Burns & Oates, 1969.

3. Eliade, Mircea. *Le yoga : immortalité et liberté*. Paris:Saint-Germain, 1954.

4. Heidegger, Martin. *Basic Writings*. New York: Harper & Row Publishers,

1977.

5. ——*Being and Time*. Translated by John Macquarrie & Edward Robinson. New York: SCM Press,1962.

6. Horne, James R. *Beyond Mysticism.* Ontario: Wilfrid Laurier University Press, 1978

7. Inge, W. R. *Mysticism in Religion*. London: Rider & Company, 1969.

8. James, William. *Varieties of Religious Experience-A Study in Human Nature*. New York: Modern,1929.

9. John of the Cross. *The Collected Works of St. John of the Cross*. Translated by Kieran Kavanaugh. OCD and Otilio Rodrigues. OCD Washington, D. C.:ICS Publication, 1979.

10. Moody, Raymond A.. *Reflection On Life After Life*. New York: Bantam, 1976.

11. Russell, Bertrand. *Mysticism and Logic and Other Essays*. London: Longmans, Green & Co., Inc., 1954.

12. Staal, Frits. *Exploring Mysticism: A Methodological Essay*. Berkeley: University of California Press, 1975.

13. Stace, Walter Terence. *Time & Eternity*. New York: Greenwood Press, 1969.

14. Theophilus. OCD.（Fr.） *St. Teresa of Avila: Studies in her Life, Doctrine & Times*. Edited by Fr. Thomas & Fr. Gabriel. Westminster, Maryland: The Newman Press, 1963.

15. Zaehner, R. C.. *Mysticism: Sacred and Profane, an Inquiry into Some Varieties of Praeternatural Experience*. London: Oxford Un. Press, 1978.

電子書目

1. Edmund Burke, *The Sublime and the Beautiful,* eBooks@Adelaide, 2007. http://ebooks.adelaide.edu.au/b/burke/edmund/sublime/2007. 4. 13 刊載